Collection dirigée par

Alain Bentolila
François Richaudeau

Martine Descouens
professeur des écoles

Jean Mesnager
professeur d'IUFM

Paul-Luc Médard
directeur d'école

Georges Rémond
IEN

Le papier de cet ouvrage est composé de fibres naturelles, renouvelables, fabriquées à partir de bois provenant de forêts gérées de manière responsable.

AVANT-PROPOS

La collection **L'Atelier de lecture** propose des outils pour le soutien, l'entraînement et le perfectionnement en lecture. Le **cahier d'entraînement CE2** permet de mettre en œuvre une véritable et nécessaire pédagogie différenciée de la lecture et de la compréhension en organisant des ateliers de lecture où chaque élève pourra progresser en fonction de ses besoins.

Ce cahier a été conçu en relation étroite avec les outils d'évaluation et d'entraînement de la collection *L'Atelier de lecture* : *Fichier d'évaluation CE2* et *CD-Rom d'entraînement CE2*. Il peut, toutefois, être utilisé indépendamment de ces derniers.

 LES OPTIONS PÉDAGOGIQUES RETENUES

• Une répartition claire par domaine

Le cahier est organisé en **4 domaines** : *Bien lire les mots, Bien lire les phrases, Bien lire les histoires, Bien lire les documents*.

Chaque domaine est décliné en 2 ou 3 objectifs de lecture visant le développement de compétences qui entrent en jeu dans l'acte de lire.

La page de présentation de chaque domaine permet de faire découvrir aux élèves, à travers une activité ludique, le domaine de lecture qu'ils vont aborder.

Domaine 1 : Bien lire les mots

Objectif 1 : Je déchiffre les mots sans erreur
Cet objectif vise à renforcer les capacités de déchiffrage parfois encore fragiles au CE2.

Objectif 2 : Je reconnais rapidement les mots
On trouve dans cet objectif des activités visant à améliorer la reconnaissance orthographique des mots.

Objectif 3 : J'enrichis mon vocabulaire
On cible ici l'enrichissement du bagage linguistique en abordant les synonymes, les antonymes, la dérivation, les familles de mots ou le sens d'un mot selon son contexte.

Domaine 2 : Bien lire les phrases

Objectif 1 : Je comprends une phrase (niveau 1)
Il s'agit ici de s'entraîner à la compréhension de phrases à la structure syntaxique simple, en insistant sur l'importance de l'ordre des mots dans la phrase, sur les changements de sens liés au déplacement, à la suppression ou à l'insertion d'un mot au sein de celle-ci.

Objectif 2 : Je comprends une phrase (niveau 2)
Dans cet objectif, les phrases se complexifient peu à peu : l'élève s'entraîne à la compréhension d'unités de sens de plus en plus élaborées. Sont abordées notamment l'articulation au sein de la phrase et la comparaison du sens de plusieurs phrases.

Objectif 3 : Je comprends une suite de phrases
À mi-chemin entre le domaine *Phrases* et les domaines *Histoires* et *Documents*, cet objectif aborde les enchaînements de phrases. Il vise à amener l'élève à la compréhension d'unités de sens de plus en plus longues et à le sensibiliser au rôle de la ponctuation.

Domaine 3 : Bien lire les histoires

Objectif 1 : Je repère les informations principales d'une histoire
L'élève s'entraîne à repérer dans le texte les éléments explicites qui le constituent : personnages, temps, lieux et actions.

© Nathan, 25 avenue Pierre de Coubertin, 75013 Paris – 2010
© Nathan, 2015 pour la présente impression
ISBN : 978-2-09-122411-4

Objectif 2 : Je comprends le sens d'une histoire

Ici, l'élève s'entraîne à repérer les différentes unités de sens qui composent un texte ainsi que l'enchaînement et la chronologie des actions, à saisir l'implicite d'un texte et à dégager le sens général d'une histoire.

Domaine 4 : Bien lire les documents

Objectif 1 : Je repère des informations dans un document

On aborde dans cet objectif l'identification de différents types de textes informatifs ou documentaires, ainsi que le repérage d'informations simples en s'appuyant sur la structure du document.

Objectif 2 : Je comprends et j'utilise les informations d'un document

À partir de documents un peu plus complexes, l'élève s'exerce à repérer et à comprendre des informations, à les réutiliser pour compléter d'autres textes ou documents, à croiser les informations de plusieurs sources.

• Un entraînement individualisé

L'organisation structurée du cahier permet de prendre en compte l'hétérogénéité de la classe en proposant à chaque élève, à l'intérieur d'un même objectif, des niveaux d'activités en rapport avec ses compétences. Les 4 domaines peuvent être abordés successivement ou en parallèle, selon les besoins des élèves et les choix de l'enseignant.

Dans chaque objectif, les exercices sont déclinés en trois niveaux de difficulté (niveaux ★, ★★ et ★★★) :
les exercices de niveau ★, simples, sont repris en niveau ★★, à un degré de difficulté légèrement supérieur. Les exercices de niveau ★★★ proposent, quant à eux, une activité différente, plus complexe, requérant des compétences de lecture plus avancées et faisant appel à l'écriture des réponses aussi souvent que possible.

• Une vision claire des résultats

À la fin de chaque exercice, un système de codage simple des résultats permet à l'enfant d'apprendre peu à peu à s'auto-évaluer en s'appuyant sur les corrigés (disponibles sur le site www.nathan.fr/atelier-lecture).

En reportant ses résultats dans la grille de suivi, il peut visualiser son parcours d'apprentissage, ses réussites et ses faiblesses.

② CONSEILS D'UTILISATION

• La mise en œuvre des activités de lecture

Les exercices proposés gagneront à être conduits en temps mesuré. Selon la difficulté des consignes, un exemple est proposé. L'enseignant jugera, selon les besoins de ses élèves, s'il doit faire réaliser une partie de l'exercice de manière collective afin qu'ils s'approprient le fonctionnement de celui-ci.

L'utilisation de ce cahier ne se conçoit pas, selon nous, en dehors d'une pédagogie de la lecture qui fait alterner, dans de justes proportions, les activités d'entraînement et les autres activités de lecture (fréquentation du coin lecture ou des bibliothèques, pratique de la lecture suivie…).

• La correction : temps d'élucidation des stratégies de lecture

Si les exercices proposés privilégient naturellement la lecture silencieuse, il nous paraît souhaitable que leur correction puisse donner lieu à l'oralisation de tout ou partie du matériau traité. Cette partie essentielle de l'activité sera l'occasion de définir les stratégies de travail les mieux adaptées et les comportements ou « gestes mentaux » les plus efficaces.

Nous espérons que ce cahier répondra aux besoins et aux attentes des enseignants. Son ambition est d'enrichir, en la diversifiant, la palette d'activités que tout enseignant se doit de mettre en place pour que chacun de ses élèves devienne le *vrai lecteur* qu'on attend de lui, condition *sine qua non* d'une scolarité réussie.

Les auteurs

SOMMAIRE

Mode d'emploi **6**

Bien lire les mots

Objectif 1 : Je déchiffre les mots sans erreur
1. À quelques lettres près **8**
2. Les colliers de mots **10**
3. Les labyrinthes de mots **12**
4. C'est tout doux **14**

Objectif 2 : Je reconnais rapidement les mots
5. La course aux jumeaux **15**
6. Des mots en écho **16**
7. Un mot et son double **17**
8. Majuscules et minuscules **18**
9. La pêche aux mots **19**

Objectif 3 : J'enrichis mon vocabulaire
10. La chasse aux intrus **20**
11. Des mots de rechange **21**
12. Le bon sens en deux mots **22**
13. Je dis blanc, tu dis noir **23**
14. Possible ou impossible ? **24**
15. Le bavard baveux **25**
16. Tout dépend de la phrase **26**

Bien lire les phrases

Objectif 1 : Je comprends une phrase (niveau 1)
17. Bon ordre et bon sens **28**
18. À un mot près **30**
19. Le mot à ajouter **31**
20. La case qui convient **32**

Objectif 2 : Je comprends une phrase (niveau 2)
21. Des phrases à lier **34**
22. Finale au choix **35**
23. Même sens ou sens contraire ? **36**
24. Le juste titre **38**
25. Une phrase, une image **39**
26. Les mots pirates **41**

Objectif 3 : Je comprends une suite de phrases

27. Trouver la consigne 42
28. C'est à quel sujet ? 44
29. Un point, c'est tout ! 46

Bien lire les histoires

Objectif 1 : Je repère les informations principales d'une histoire

30. Une histoire, une image 48
31. Le bon portrait 49
32. De qui parle-t-on ? 52
33. De quoi parle-t-on ? 54
34. Tout dépend du titre 56
35. Chaque détail a son importance 58

Objectif 2 : Je comprends le sens d'une histoire

36. Un peu d'ordre 60
37. Des histoires sans queue ni tête 61
38. C'est compris ? 62
39. Questions de paragraphes 64
40. Quand et où ? 66
41. Autrement dit 68
42. La fée en questions 70

Bien lire les documents

Objectif 1 : Je repère des informations dans un document

43. Quel document ? 72
44. Des documents en morceaux 74
45. Ne tombe pas dans le panneau ! 76
46. Tout est dans la recette 78
47. La pêche aux informations 80

Objectif 2 : Je comprends et j'utilise les informations d'un document

48. Les curieux mènent l'enquête 82
49. Qui dit vrai ? 84
50. Questions de lecteurs 86
51. À chacun ses lectures 89
52. Record d'informations 91

Grilles de suivi élève 93

MODE D'EMPLOI

Dans ton cahier de lecture, tu vas lire, mais tu vas aussi...

cocher des cases

entourer des mots

barrer des mots

souligner des mots

relier des mots ou des phrases

compléter des listes ou des phrases

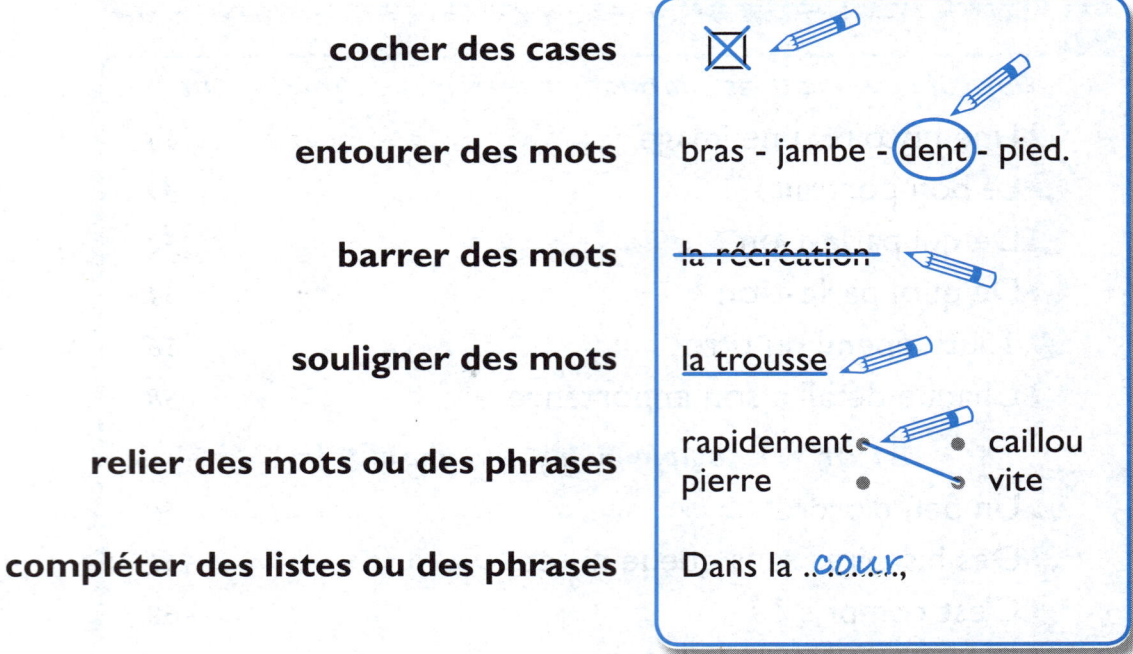

Si tu veux devenir un bon lecteur :

1 Avant l'exercice

Lis attentivement la consigne afin de comprendre ce que tu dois faire.

2 Pendant l'exercice

Réponds aux questions dans ta tête d'abord, puis écris ta réponse sur ton cahier.

3 Après l'exercice

Regarde la correction et compte le nombre de bonnes réponses que tu as obtenues.
Colorie ou entoure le visage qui correspond à ton score.
   Par exemple, si tu as obtenu 3 bonnes réponses : tu colories ou tu entoures
   le visage correspondant.

Reporte ensuite ce résultat dans la grille de suivi en coloriant le visage
correspondant à ton score avec la couleur qui convient :

rouge orange vert

Bien lire les mots

Objectif 1 — Je déchiffre les mots sans erreur.

Objectif 2 — Je reconnais rapidement les mots.

Objectif 3 — J'enrichis mon vocabulaire.

Complète les mots avec les lettres qui conviennent. Colorie le mot qui est le contraire des autres.

Objectif 1 : Je déchiffre les mots sans erreur.

 À quelques lettres près

★ **Entoure le mot qui correspond au dessin.**

  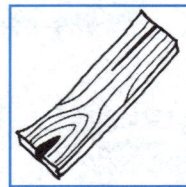   

croche	garçon	branche	blonde	façon	soufflet
coche	plafond	plante	bouse	flacon	gifler
crochet	caleçon	planète	blouse	plafond	signer
clocher	glaçon	blanche	bourse	flaque	souffrir
cloche	glacier	plage	bouge	flocon	civet
clash	gascon	planche	blouson	faucon	sifflet

Entoure le nombre de bonnes réponses.
0 à 2   3 à 4   5 à 6

★★ **Même exercice.**

 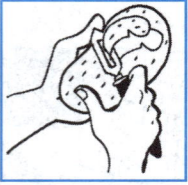  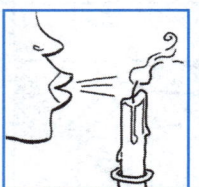  

écrabousser	époucher	embarrasser	étreindre	conduire	photogravier
éclamousser	éblucher	embarser	éteintre	constuire	photographier
éclabousser	épulcher	embrasser	édeintre	conscruire	photocraphier
exclabousser	éculcher	emprasser	éteinbre	construire	photocravier
écrabouiller	éplucher	embraser	éteindre	contruire	photoclapier

Entoure le nombre de bonnes réponses.
0 à 2   3 à 4   5 à 6

8

Objectif 1 : Je déchiffre les mots sans erreur.

★★ **Entoure le groupe de mots qui correspond au dessin.**

un petit grain   un gros brochet   une poutre blanche   un vieux peindre
un petit train   un gros crochet   une poudre blanche   un vieux peintre

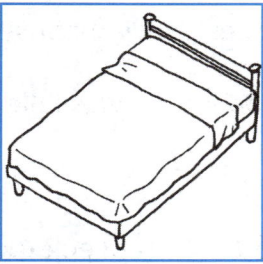   

un drap brodé   une petite cerise   un gros orge   deux criques
un drap bordé   une petite crise   un gros ogre   deux cirques

Entoure le nombre de bonnes réponses.
0 à 2   3 à 5   6 à 8

★★ **Coche le mot qui convient pour compléter chaque phrase.**

Sandie a vu un pêcheur sur une ☐ barque.
☐ braque.

Dario mange une part de ☐ vlan pour son goûter.
☐ flan

☐ L'oncle d'Elsa est tombé de son vélo.
☐ L'ongle

Karim doit ☐ grader son petit frère.
☐ garder

Camille regarde la ☐ crue sur le chantier.
☐ grue

Marion a donné une ☐ calque à sa sœur.
☐ claque

Entoure le nombre de bonnes réponses.
0 à 2   3 à 4   5 à 6

↪ *Reporte tes résultats dans la grille de suivi.*

Objectif 1 : Je déchiffre les mots sans erreur.

 Les colliers de mots

★ **Relie les mots pour faire deux colliers, comme dans l'exemple. Utilise une couleur différente pour chaque collier.**

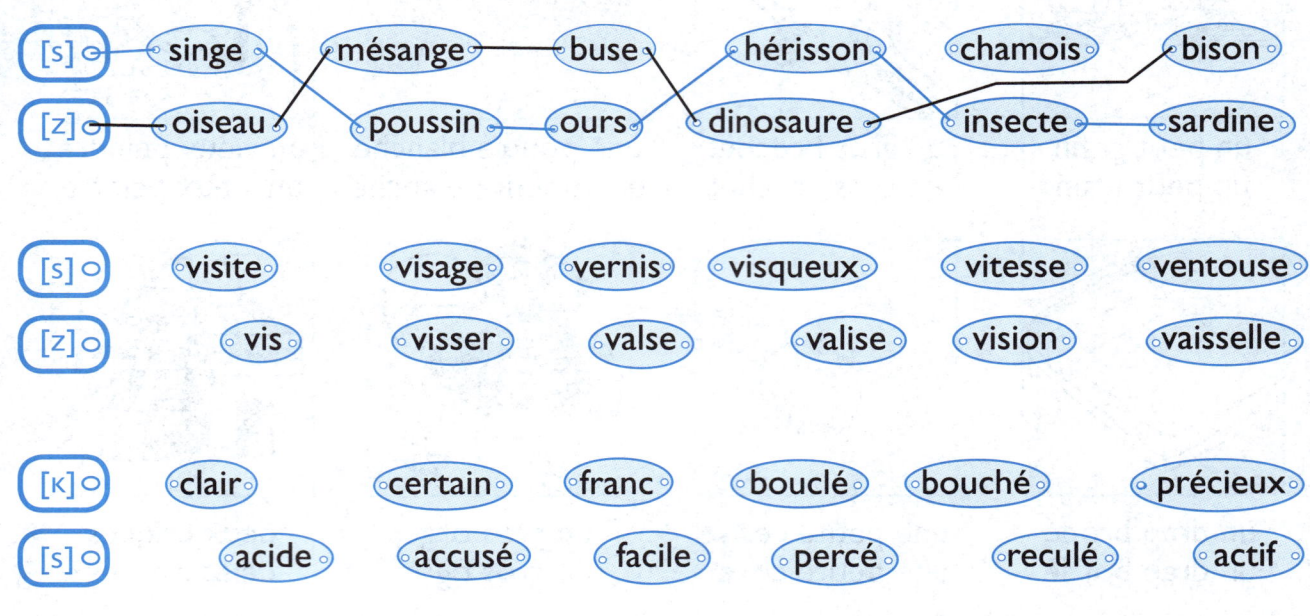

Entoure le nombre de bonnes réponses.
0 à 1   2 à 3   4

★★ **Même exercice.**

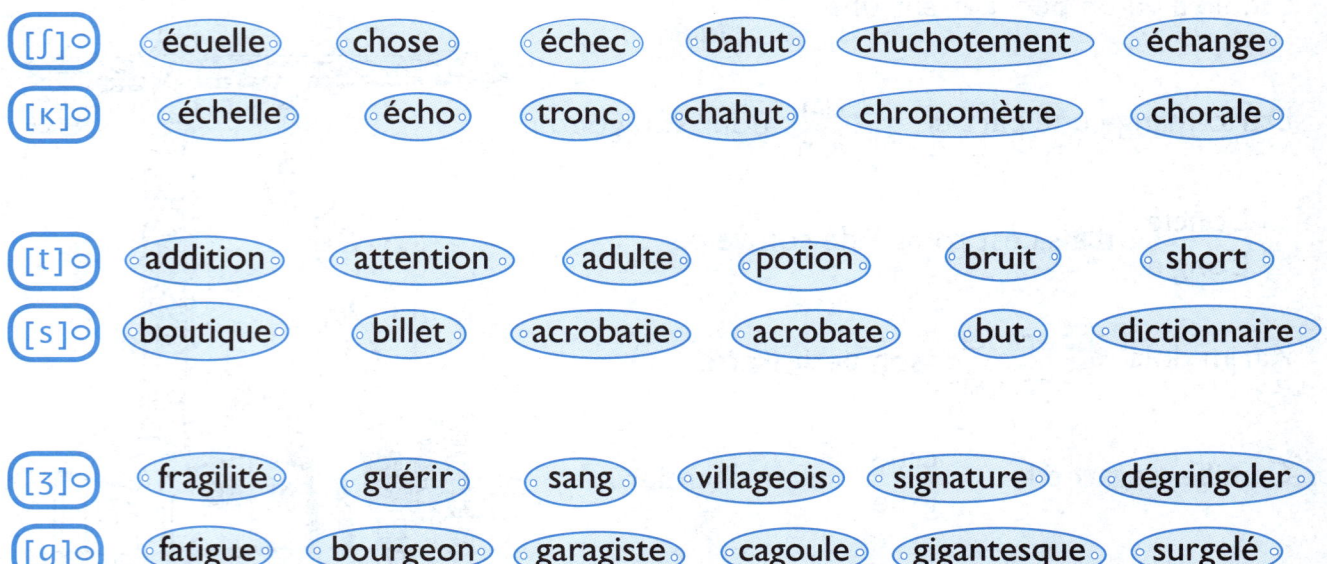

Entoure le nombre de bonnes réponses.
0 à 2   3 à 4   5 à 6

Objectif 1 : Je déchiffre les mots sans erreur.

★★ **Relie les mots pour faire deux colliers.**
Utilise une couleur différente pour chaque collier.

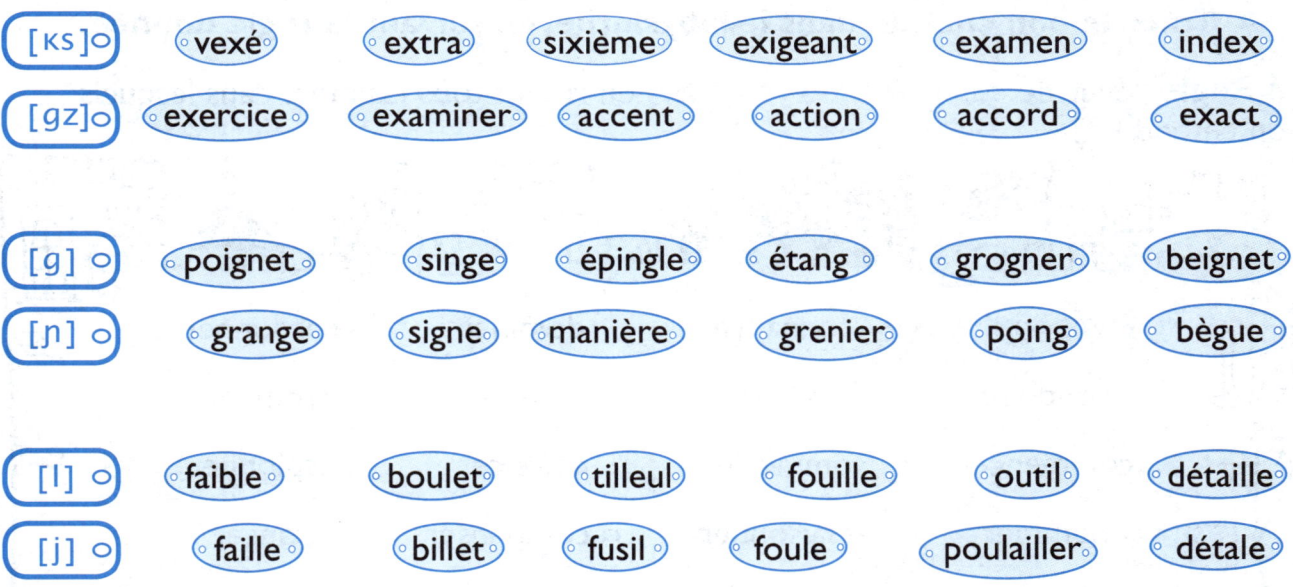

Entoure le nombre de bonnes réponses.
0 à 2   3 à 4   5 à 6

★★ **Complète chaque perle du collier avec l'un des trois mots qui convient, comme dans l'exemple.**

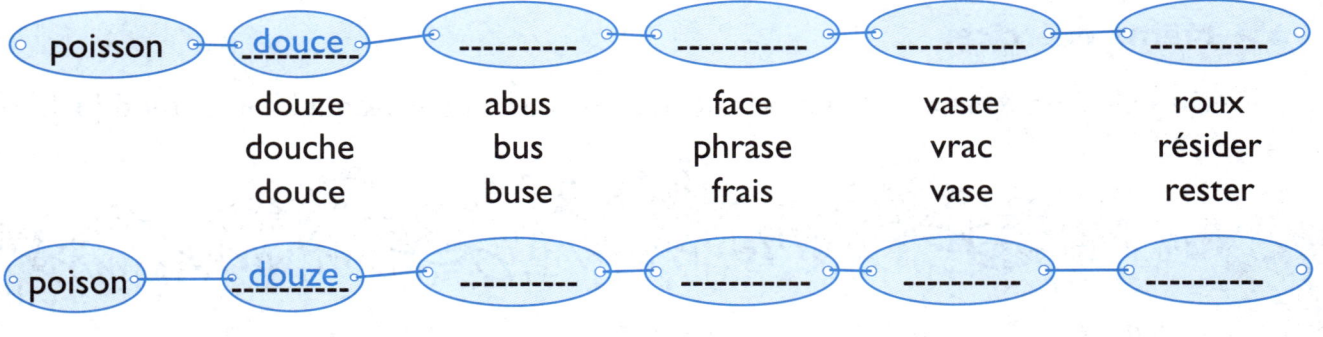

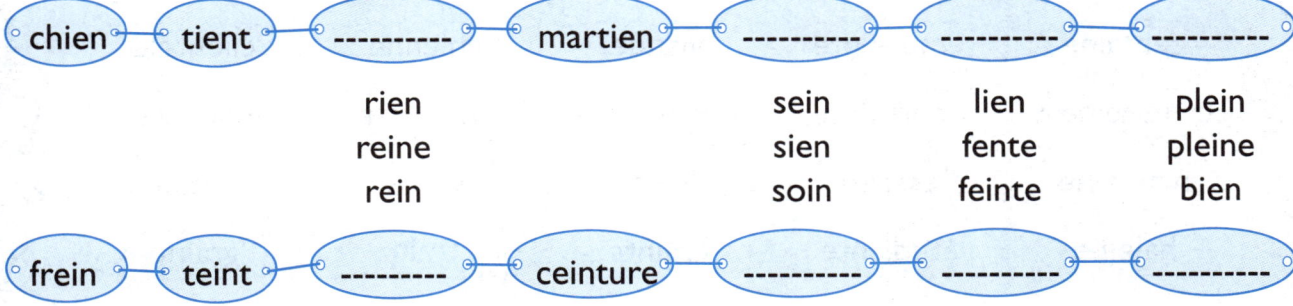

Entoure le nombre de bonnes réponses.
0 à 6   7 à 11   12 à 16

↪ *Reporte tes résultats dans la grille de suivi.*

Objectif 1 : Je déchiffre les mots sans erreur.

3 Les labyrinthes de mots

★ **Trace le bon chemin dans le labyrinthe, en suivant la règle donnée.**

• **Règle :** aller de comprendre à remonter en reliant tous les mots dans lesquels on entend [ɔ̃].

comprendre	connaître	dominer	pardonner
conduire	combattre	dompter	promener
commencer	sommeiller	défoncer	espionner
nommer	assaisonner	récompenser	ronger
savonner	remorquer	recommander	arrondir
surnommer	donner	remonter	rencontrer

Entoure le nombre de bonnes réponses.
0 à 2   3 à 5   6 à 8

★★ **Même exercice.**

• **Règle :** aller de frein à train en reliant tous les mots dans lesquels on entend [ɛ̃].

baleine	peine	teinture	frein	fontaine
aimant	lendemain	plainte	freinage	traîneau
centaine	empreinte	viande	chienne	clientèle
entraînement	contrainte	expérience	chaînette	manière
marraine	essaim	feinte	veine	douzaine
haleine	étudiante	crainte	train	graine

Entoure le nombre de bonnes réponses.
0 à 2   3 à 5   6 à 8

Objectif 1 : Je déchiffre les mots sans erreur.

● **Règle :** aller de loin à foin en reliant tous les mots dans lesquels on entend [wɛ̃].

pion	baignoire	correction	loin	lionceau
scorpion	lointain	besoin	pointure	moineau
macédoine	rejoindre	réception	modification	portion
additionner	décoincer	témoignage	aboiement	soigner
station	témoin	pointillé	pivoine	moine
inondation	avoine	recoin	poinçonner	foin

Entoure le nombre de bonnes réponses.
0 à 3   4 à 6   7 à 9

 Coche la règle qui convient pour le labyrinthe puis coche les mots qui permettent de le compléter.

☐ Relier tous les mots dans lesquels on voit « ent ».
☐ Relier tous les mots dans lesquels on entend [ɛ̃] et [l].
☐ Relier tous les mots dans lesquels on entend [ɛ̃] et [ã].

timidement	**simplement**	prochainement	gentiment
imitation	intelligent	grimpante	mimosa
menteur	sympathique	☐ immense ☐ intense	☐ maintenant ☐ américain
gamin	humainement	☐ imprudence ☐ innocence	☐ souplement ☐ simplement
craintive	**printemps**	☐ immédiatement ☐ impressionnant	teinte

Entoure le nombre de bonnes réponses.
0 à 2   3 à 4   5 à 6

↪ *Reporte tes résultats dans la grille de suivi.*

Objectif 1 : *Je déchiffre les mots sans erreur.*

BIEN LIRE LES MOTS

 **C'est tout doux**

★ **Entoure la phrase qui permet de compléter la bulle de chaque dessin.**

– C'est tout !   – J'ai faim !   – C'est vrai !   – Tu tousses !
– C'est doux !   – J'ai vain !   – C'est frais !   – Tu douce !

Entoure le nombre de bonnes réponses.
0 à 1   2 à 3   4

★★ **Même exercice.**

  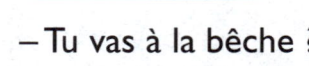 

– C'est trop tard !   – Combien ça goûte ?   – Tu vas à la bêche ?   – Bouche-la !
– C'est trop dard !   – Combien ça coûte ?   – Tu vas à la pêche ?   – Bouge-la !

Entoure le nombre de bonnes réponses.
0 à 1   2 à 3   4

★★★ **Dans chaque phrase, entoure les deux mots qui sont mal écrits, comme dans l'exemple.**

Nina a (bris) une bonne (touche).

Les pédales de la fleur sont vanés.

Alex brend une assiette de gradin.

Samuel achète une cachette de bommes.

Pour jardiner, Lou prend une pêche et un radeau.

La tortue de Pablo est envermée dans une gage.

Entoure le nombre de bonnes réponses.
0 à 3   4 à 6   7 à 10

 Reporte tes résultats dans la grille de suivi.

Objectif 2 : Je reconnais rapidement les mots.

5 La course aux jumeaux

★ **Entoure dans chaque liste tous les « jumeaux » du mot en bleu. Le premier est donné en exemple.**

◆ **dent :** bras – jambe – (dent) – pied – dent – main – tête – corps – dent – dos – joue – ventre – dent – cou – épaule – orteil.

◆ **classeur :** cahier – stylo – classeur – classeur – crayon – trousse – classeur – feuille – effaceur – craie – feutre – classeur – colle – classeur.

◆ **écrire :** élire – écrire – écouter – écrire – crier – s'écrier – écrire – écarter – écrire – éclater – épeler – lire – rire – écrire – dire – sourire.

Entoure le nombre de bonnes réponses.
0 à 5   6 à 9   10 à 13

★★ **Même exercice.**

◆ **marcher :** moucher – masser – cacher – marcher – mâcher – marcher – tacher – moucher – manger – moucher – marcher – marche – mâcher – marcher.

◆ **croix :** mois – choix – doigt – croix – poids – trois – noix – voix – croix – loin – croix – bois – coin – soin – croix – noix – voix – doigt – croix – croix – bois – croix.

◆ **front :** pont – front – don – fort – front – franc – mot – tond – bond – front – pont – mot – fort – fond – font – front – front – fort – tronc – mont.

Entoure le nombre de bonnes réponses.
0 à 6   7 à 11   12 à 16

★★★ **Entoure :** – en rouge les « jumeaux » du mot **bien** ;
– en vert les « jumeaux » du mot **loin** ;
– en noir les « jumeaux » du mot **plein**.

bien	loin	lien	rien	plein
foin	**mien**	**bien**	**chien**	**lion**
tien	loin	moins		loin
rien	**bien**	**bien**	**plein**	**client**
lion	pion	plein	peint	frein	loin
foin	**bien**	**bain**	**rein**	**plein**

Entoure le nombre de bonnes réponses.
0 à 5   6 à 9   10 à 13

 Reporte tes résultats dans la grille de suivi.

BIEN LIRE LES MOTS

Objectif 2 : Je reconnais rapidement les mots.

6 Des mots en écho

★ **Écris, dans la case, combien de fois le mot en bleu est répété.**

bavard

bureau – batteur – bavard – renard – bassin – retard – buvard
bandit – bancal – bavard – bélier – motard – regard – balade – brave
bavard – canard – brouillard – banane – hasard – bavard.

voyage

voisin – valise – voyage – image – bagage – tapage – voyage
voyage – ménage – voilage – vivant – voyage – garage – balayage
voyager – plage – visage – dommage – pelage – voyageur – voyage.

Entoure le nombre de bonnes réponses.
                                                                                      0 1 2

★★ **Même exercice.**

feuille

fille – ferraille – fillette – feuille – ficelle – folle – fouillis
feuille – feuilleter – feutre – feuille – fouille – feuillage – feuillet
FUITE – FEUILLE – FAUTEUIL – FEUILLE – FEUILLE – FAILLE.

claque

carte – claque – masque – flaque – craque – barque – claque – casque
laque – claque – plaque – claque – claque – chaque – basque – classe
claque – marque – calque – manque – casaque – claque – flasque.

Entoure le nombre de bonnes réponses.
                                                                                      0 1 2

★★ **Recopie le mot qui est répété quatre fois dans chaque liste.**

....
décaler – **réclamer** – écarter – éclater – décaler – *éclater*
décaler – *accélérer* – décharger – éclater – craquer
écarter – écart – **éclater** – décalquer – *déclarer.*

....
moche – *accroche* – cloche – proche – broche – *porche*
clocher – crochet – *cloche* – colle – broche – **cliché** – *poche*
clocher – **colchique** – cloche – proche – CLOCHETON – **clown**
cloque – *broche* – moche – *accroche* – **broche.**

Entoure le nombre de bonnes réponses.
                                                                                      0 1 2

↪ *Reporte tes résultats dans la grille de suivi.*

Objectif 2 : Je reconnais rapidement les mots.

 Un mot et son double

★ **Entoure le mot qui est commun aux deux listes, comme dans l'exemple.**

◆ la rue – le mur – un coq – du vin – son (lit) – du thé
boa – île – (lit) – cri – dur – fer

◆ de l'air – du blé – le feu – la clé – un jeu – le ski
bec – fée – jeu – sol – bus – rat

◆ la neige – une fusée – la forêt – un bijou – la foire – le sapin
préau – tuile – usine – herbe – purée – fusée

◆ un coffre – une caisse – la girafe – le lavabo – le soleil – du citron
mouton – beurre – montre – mouche – caisse – garage

Entoure le nombre de bonnes réponses.
0   1 à 2   3

★★ **Même exercice.**

◆ une merveille – la corbeille – une oreille – le réveil – la veille – un conseil
ORTEIL – VIEILLE – OSEILLE – CONSEILLER – MÉDAILLE – APPAREIL – CONSEIL – GROSEILLE

◆ le papier – le premier – le palier – le palmier – le collier – un pilier
pied – pompier – potier – parler – panier – coller – palmier – plier

◆ un noyau – noyer – payer – un crayon – un tuyau – joyeux – broyer
PAYS – MOYEN – PAYSAN – RAYER – RAYON – RAYURE – PAYER

◆ **une bille – une quille – une file – mille – griller – une vrille**
grille – pile – brille – billet – bile – fille – bille – ville

Entoure le nombre de bonnes réponses.
0 à 1   2 à 3   4

★★★ **Entoure le mot qui est commun aux deux phrases de chaque série.**

◆ La vache de Sacha a des taches noires sur le dos.
Macha voit deux mouches noires boire dans sa tasse.

◆ Naël a cru voir l'ombre d'un monstre le long du mur de sa chambre !
Avec la montre de Noël, on peut voir l'heure même la nuit !

◆ *Gary a bien ri quand Grégoire a pris son parapluie : il était percé !*
Les gants gris de Grégory sont bien trop grands pour lui !

Entoure le nombre de bonnes réponses.
0   1 à 2   3

↪ *Reporte tes résultats dans la grille de suivi.*

Objectif 2 : Je reconnais rapidement les mots.

 Majuscules et minuscules

★ **Barre les mots de la liste qui ne sont pas utilisés sur le dessin.**

MIROIR   RIDEAU

OREILLE   ÉVEIL

MATELAS   RAMPE

COFFRET   COUETTE

Entoure le nombre de bonnes réponses.
0 à 1   2 à 3   4

★★ **Même exercice.**

règle   table

palcard   carnet

élève   ordidateur

comme   rayon

stylo   tableau

brousse   crayon

Entoure le nombre de bonnes réponses.
0 à 2   3 à 4   5 à 6

 Coche la liste qui reprend tous les mots de la liste de courses sans erreur. Barre dans les autres listes les mots mal écrits.

☐ LAIT – PIAN – RAISIN – LASADE – FIRTES – ROANGE – GURYÈRE – PRUÉE

☐ FRITES – RAISIN – ORANGE – GRUYÈRE – LAID – BALADE – BAIN – PURÉE

☐ LAIT – RAISIN – SALADE – FRITES – ORANGE – PAIN – GRUYÈRE – PURÉE

☐ PAIN – ORAGE – SALADIER – FRITES – LAIT – BRUYÈRE – RAISON – DURÉE

- salade - frites
- raisin - orange
- lait   - gruyère
- pain   - purée

Entoure le nombre de bonnes réponses.
0 à 5   6 à 10   11 à 15

 Reporte tes résultats dans la grille de suivi.

18

Objectif 2 : Je reconnais rapidement les mots.

 La pêche aux mots

★ **Entoure le mot en bleu à chaque fois que tu le vois dans la liste. Le premier est donné en exemple.**

◆ porc : un port de pêche – de la viande de (porc) – la porte du jardin – les pores de la peau – sale comme un porc – le port de Marseille – un parc fleuri – du rôti de porc.

◆ thon : du thon en boîte – un tronc d'arbre – un pêcheur de thon – un thé à la menthe – la honte – du thon frais – la tonte des moutons.

◆ selle : du sel fin – une pelle à tarte – une selle de cuir – une belle salle – de la colle – les serres de l'aigle – une selle de course – une soupe salée – la selle du vélo.

Entoure le nombre de bonnes réponses.

★★ **Même exercice.**

◆ niche : une femme riche – une belle quiche – *une grande niche* – **une fiche de carton** – le toit de la niche – la niche du chien – un nid d'oiseaux – `une miche de pain.`

◆ pain : Prends un bain ! – *Coupe du pain !* – Le pan de mur est tombé – Le panier est cassé – **Le pain est rassis** – *Jette du pain aux oiseaux !* – FAITES LA PAIX ! – Donne-lui une poignée de main !

◆ bouche : `Ouvre la bouche !` – Verse-moi de la soupe ! – Mets ce bonbon dans ta trousse ! – Bouche ce trou ! – Ne touche pas à ce bouchon ! – C'est une bouche d'aération ! – **Mouche-toi !**

Entoure le nombre de bonnes réponses.

 Entoure, dans le texte, chaque mot de la couleur indiquée : fourmis (en vert) ; nid (en rouge) ; œufs (en bleu) ; reine (en noir).

Vaillantes fourmis

Les fourmis font leur nid sous de grosses pierres ou sous des plantes. Chaque nid abrite des centaines de fourmis. L'une d'elles, la reine, pond tous les œufs. Les autres fourmis sont les ouvrières. Elles ont de multiples tâches comme nourrir les larves ou collecter la nourriture. Les fourmis mangent toutes sortes de plantes et d'animaux. Quand elles trouvent quelque chose, elles retournent au nid en laissant une trace odorante que leurs compagnes peuvent suivre.

La reine possède des ailes mais celles-ci tombent après l'accouplement. Elle passe ensuite le reste de sa vie à pondre des centaines d'œufs.

Extrait de *Insectes et petites bêtes*, Claire Llewellyn, « Mon petit monde » © Éditions Nathan, 2005.

Entoure le nombre de bonnes réponses.

↪ *Reporte tes résultats dans la grille de suivi.*

BIEN LIRE LES MOTS

Objectif 3 : *J'enrichis mon vocabulaire.*

 **La chasse aux intrus**

★ **Barre les deux intrus dans chaque liste, en t'aidant du titre en bleu.**

- FRUITS : fraise – pêche – poireau – orange – prune – clémentine – cerise – carotte.
- VÉHICULES : avion – bus – vélo – camion – autoroute – camionnette – tracteur – pneu.
- OISEAUX : moineau – merle – papillon – corbeau – mouette – aigle – chouette – sardine.
- BOISSONS : essence – eau – limonade – bière – encre – champagne – jus de fruits – vin.

Entoure le nombre de bonnes réponses.
0 à 2   3 à 5   6 à 8

★★ **Même exercice.**

- MUSICIENS : violoniste – guitariste – pianiste – trompettiste – touriste – flûtiste – accordéoniste – pompiste.
- MÉTIERS : agriculteur – facteur – plombier – vendeur – professeur – rongeur – menteur – docteur.
- ARBRES : pommier – cerisier – papier – pêcher – bananier – poirier – bouclier – abricotier – oranger.
- QUALITÉS : tendresse – gentillesse – paresse – douceur – générosité – méchanceté – sagesse – bonté – gaîté – politesse.

Entoure le nombre de bonnes réponses.
0 à 2   3 à 5   6 à 8

 Lis chaque liste puis coche la bonne réponse.

- tablier – buffet – maçon – marteau – miroir – baignoire – menuisier – scie – bois – pilote – pince – vitre – placard – infirmier – pioche – radiateur – plancher – sablier.

Juste avant chaque nom d'outil, il y a un nom de métier .... ☐ vrai ☐ faux

- cane – marronnier – caneton – marguerite – prune – ânesse – chêne – ânon – tige – pelouse – poule – sapin – poulain – feuille – vache – tilleul – veau.

Les noms d'arbres sont toujours placés entre le nom d'un animal et celui de son petit .... ☐ vrai ☐ faux

- un dauphin – un sapin – un sanglier – une tulipe – un loup – du muguet – une dinde – une pêche – du lilas – un hamster – du persil – un requin – un marronnier.

Juste après chaque nom d'animal à quatre pattes, il y a un nom de fleur ..... ☐ vrai ☐ faux

↪ *Reporte tes résultats dans la grille de suivi.* Entoure le nombre de bonnes réponses.
0   1 à 2   3

Objectif 3 : J'enrichis mon vocabulaire.

11 Des mots de rechange

★ **Relie chaque mot en bleu à son synonyme, comme dans l'exemple.**

rapidement •	• pierre	énormément •	• finir
caillou •	• vite	terminer •	• beaucoup
difficile •	• toujours	habit •	• tissu
bouger •	• dur	calme •	• tranquille
	• gigoter		• vêtement

	• clair		• prendre
disputer •	• défendre	attraper •	• quelquefois
simplement •	• sûr	début •	• jamais
certain •	• facilement	collant •	• commencement
boutique •	• magasin	parfois •	• poisseux
	• gronder		• mieux

Entoure le nombre de bonnes réponses.
0 à 5   6 à 10   11 à 15

★★ **Même exercice.**

	• jouer		• la raison
s'amuser •	• nager	l'endroit •	• l'instant
se baigner •	• boire	le son •	• le bruit
s'enfoncer •	• crier	le moment •	• le lieu
se nourrir •	• couler	le sens •	• l'avis
	• manger		• la direction

	• bruyant		• ôter
étincelant •	• brillant	dégeler •	• réchauffer
surprenant •	• embarrassant	défaire •	• ouvrir
bouillant •	• étonnant	déboucher •	• abandonner
gênant •	• brûlant	délaisser •	• doubler
	• dégoûtant		• attraper

Entoure le nombre de bonnes réponses.
0 à 6   7 à 11   12 à 16

★★★ **Écris le numéro du mot qui convient pour compléter chaque liste.**

a. horripilant – exaspérant – ◯ – énervant
b. regarder – ◯ – observer – inspecter
c. attacher – lier – nouer – ◯
d. sans cesse – ◯ – sans arrêt – constamment

1. charmant   2. ligoter
3. diriger   4. jamais
5. examiner   6. agaçant
7. toujours   8. préférer

↪ *Reporte tes résultats dans la grille de suivi.*

Entoure le nombre de bonnes réponses.
0 à 1   2 à 3   4

Objectif 3 : J'enrichis mon vocabulaire.

 Le bon sens en deux mots

★ **Entoure le mot en marge qui peut remplacer le mot souligné.**

donne	Florent <u>fait</u> une photo de son meilleur ami.	prend
demande	Martin <u>dit</u>, dans sa lettre, qu'il ne pourra pas venir à Noël.	explique
brûle	Lili <u>fait</u> un feu dans le jardin avec son papa.	allume
appuie	Pour grimper à l'arbre, Samia <u>met</u> l'échelle contre le tronc.	descend
emprunte	Marine <u>prend</u> un livre sur les dinosaures à la bibliothèque.	donne
posséder	Éléonore aimerait <u>avoir</u> la même console de jeux que Félicien.	voir

Entoure le nombre de bonnes réponses.
0 à 2   3 à 4   5 à 6

★★ **Même exercice.**

Mais	<u>Lorsque</u> le bébé loup naît, il a les yeux	Quand
fermés	<u>clos</u> et il ne peut pas marcher.	bleus
manger	Le bébé loup a une seule occupation : <u>téter</u> le lait de sa mère.	boire
obéissant	Au bout de quelques semaines, <u>dressé</u> sur ses quatre pattes, il peut enfin marcher !	debout
loin	Il s'éloigne un peu de sa mère pour jouer <u>à l'extérieur</u>.	dehors
retourne	Mais s'il y a un danger, le petit loup <u>se réfugie</u>	se perd
aussi	<u>immédiatement</u> auprès de sa maman !	aussitôt

Entoure le nombre de bonnes réponses.
0 à 2   3 à 5   6 à 7

 Entoure le mot qui peut être remplacé par le mot en marge, comme dans l'exemple.

jeune	Le (petit) loup passe tout son temps avec ses frères et sœurs.
lutter	Tous ensemble, ils jouent à se poursuivre, à se battre,
bondir	à se mordiller, à sauter, à se rouler par terre, à se cacher.
habiles	Dans le groupe, certains sont plus forts, plus adroits, plus malins.
obéir	Même dans le jeu, ils savent se faire respecter.
adultes	Un jour, quand ils seront grands, l'un d'eux deviendra le chef de la meute, c'est-à-dire le chef du groupe.

Extrait de *Le petit loup*, Hélène Montardre, « Qui es-tu ? » © Éditions Mango Jeunesse, avril 2000.

Entoure le nombre de bonnes réponses.
0 à 1   2 à 3   4 à 5

↪ *Reporte tes résultats dans la grille de suivi.*

Objectif 3 : J'enrichis mon vocabulaire.

13 Je dis blanc, tu dis noir

★ **Souligne dans chaque colonne le contraire du mot en bleu, comme dans l'exemple.**

drôle	détacher	dehors	un défaut	malin	se sauver
lisse	détester	dessus	un invité	dangereux	s'écorcher
léger	jouer	souvent	la vérité	féminin	s'asseoir
blanc	couvrir	après	une qualité	clandestin	s'échauffer
lourd	aimer	avant	une faute	masculin	se lever
malade	réciter	encore	une unité	désagréable	s'envoler

Entoure le nombre de bonnes réponses.
0 à 1   2 à 3   4 à 5

★★ **Même exercice.**

la demande	occupé	refroidir	différent	bondir	froid
la réponse	sage	fleurir	dissipé	dépasser	glacé
la récompense	délicieux	éclaircir	sauvage	freiner	blanc
la dépense	allongé	cueillir	semblable	ralentir	humide
le refus	curieux	éclairer	seul	sortir	brûlant
la punition	désobéissant	assombrir	simple	accélérer	brillant

Entoure le nombre de bonnes réponses.
0 à 2   3 à 4   5 à 6

★★★ **Souligne les deux contraires dans chaque liste, comme dans l'exemple.**

se perdre	secret	jamais	sérieux	la joie	la froideur
s'approcher	intelligent	enfin	compliqué	le courage	la rapidité
se blesser	direct	toujours	sourd	l'appétit	la vérité
s'éloigner	silencieux	soudain	simple	le chagrin	la lenteur
s'instruire	bruyant	alors	libre	la misère	la pitié

Entoure le nombre de bonnes réponses.
0 à 3   4 à 6   7 à 10

↪ *Reporte tes résultats dans la grille de suivi.*

Objectif 3 : J'enrichis mon vocabulaire.

14 Possible ou impossible ?

★ **Forme tous les mots possibles. Le premier est donné en exemple.**

dé-	im-	mal-	in-
• faire	• possible	• adroitement	• capable
• ouvrir	• parfait	• heureusement	• certain
• monter	• prudent	• tristement	• complet
• rouler	• proche	• honnêtement	• connu
• taper	• piquant	• joyeusement	• calme
• coller	• poli	• proprement	• curieux

Entoure le nombre de bonnes réponses.
0 à 5   6 à 10   11 à 15

★★ **Même exercice.**

	-té		-ment		-iste
beau •		vide •		journal •	
propre •		facile •		violon •	
brillant •		douce •		sport •	
bon •		forte •		fleur •	
pauvre •		fraîche •		dent •	
noir •		libre •		art •	
profonde •		tendre •		accordéon •	
sale •		neuve •		tambour •	

Entoure le nombre de bonnes réponses.
0 à 6   7 à 11   12 à 17

★★★ **Mets des croix au bon endroit dans le tableau, comme dans l'exemple. Attention aux pièges !**

est une petite...	flèche	toile	maison	chance	cloche	bague	chaîne	lune	chanson
une maisonnette			X						
une chansonnette									
une lunette									
une fléchette									
une baguette									
une toilette									
une clochette									
une chaînette									

↪ *Reporte tes résultats dans la grille de suivi.*

Entoure le nombre de bonnes réponses.
0 à 1   2 à 3   4

Objectif 3 : J'enrichis mon vocabulaire.

 Le bavard baveux

★ **Entoure le mot qui peut compléter la phrase. Aide-toi du mot souligné.**

moquette	Anna se <u>moque</u> toujours des autres. Elle est très …… .	moqueuse
baveux	Corto est souvent puni pour <u>bavardage</u> : il est trop …… .	bavard
boueuses	Sam a marché dans la <u>boue</u> : ses chaussures sont …… .	bouées
chevelu	Hector a beaucoup de <u>cheveux</u> : il est très …… .	chevalier

Entoure le nombre de bonnes réponses.
0 à 1 2 à 3 4

★★ **Même exercice.**

comparaison	Quand on <u>compare</u> deux choses, on fait une …… .	compétition
complément	Quand on <u>complimente</u> quelqu'un, on lui fait un…… .	compliment
décentré	Quand on n'est pas <u>concentré</u>, on est …… .	déconcentré
autorisation	Quand on est <u>autoritaire</u>, on a de l'…… .	autorité
fierté	Quand on est <u>fier</u>, on a de la…… .	fièvre
généralité	Quand on est <u>généreux</u>, on a de la…… .	générosité
agitation	Quand on est <u>agile</u>, on a de l'…… .	agilité

Entoure le nombre de bonnes réponses.
0 à 2 3 à 5 6 à 7

 Trace un chemin de couleur pour relier les mots d'une même famille :
- en bleu la famille de glace ; - en vert la famille de glisse.

glace	glacier	gâter	glissade	glaçant	gris	glissière
glisse	glissement	déglacer	glaciaire	glissant	glacial	gilet

- en bleu la famille de lait ; - en vert la famille de laid.

lait	laide	déplaire	laiterie	aliter	laidement	enlaidir
laid	allaiter	laideur	laitage	allaitement	aider	

Entoure le nombre de bonnes réponses.
0 à 6 7 à 11 12 à 17

↪ *Reporte tes résultats dans la grille de suivi.*

BIEN LIRE LES MOTS

Objectif 3 : J'enrichis mon vocabulaire.

 Tout dépend de la phrase

★ **Coche la phrase dans laquelle le mot souligné peut être remplacé par le mot en bleu.**

- **donne**
  - ☐ « Passe me voir ! » dit Marie.
  - ☐ « Passe-moi ton assiette ! » dit Marie.

- **bagarré**
  - ☐ Florian a battu Sabri à la course.
  - ☐ Florian s'est battu avec Sabri.

- **dérape**
  - ☐ Lucas glisse sur le trottoir.
  - ☐ Lucas glisse sa lettre dans la boîte.

- **avale**
  - ☐ Flora prend la bouteille de sirop sur l'étagère.
  - ☐ Flora prend une cuillère de sirop.

Entoure le nombre de bonnes réponses. 0 à 1   2 à 3   4

★★ **Même exercice.**

- **sec**
  - ☐ Mona donne du pain dur aux oiseaux.
  - ☐ L'exercice de grammaire est trop dur.

- **agréable**
  - ☐ Noé a attrapé un bon rhume.
  - ☐ Noé a fait un bon voyage.

- **vilain**
  - ☐ Le pantalon de Théo est sale.
  - ☐ Théo est un sale tricheur.

- **grand**
  - ☐ Il fait beau temps.
  - ☐ Il y a un beau désordre dans la chambre de Zoé !

Entoure le nombre de bonnes réponses. 0 à 1   2 à 3   4

★★ **Complète les phrases avec les mots de la liste.**

| mou |
| bruyante |
| légère |
| simple |
| orageux |
| aiguë |

Une blessure qui n'est pas grave est . . . .
Une voix qui n'est pas grave est . . . .
Un exercice qui n'est pas dur est . . . .
Un bonbon qui n'est pas dur est . . . .
Une classe qui n'est pas calme est . . . .
Un temps qui n'est pas calme est . . . .

Entoure le nombre de bonnes réponses. 0 à 2   3 à 4   5 à 6

↪ *Reporte tes résultats dans la grille de suivi.*

Bien lire les phrases

Objectif 1 — *Je comprends une phrase (niveau 1).*

Objectif 2 — *Je comprends une phrase (niveau 2).*

Objectif 3 — *Je comprends une suite de phrases.*

À l'aide des mots cachés dans le pelage de la girafe, construis la phrase la plus courte possible, puis la phrase la plus longue possible.

Objectif 1 : Je comprends une phrase (niveau 1).

17 Bon ordre et bon sens

★ **Coche la série d'étiquettes utilisée pour écrire la phrase en bleu.**

Cet été, il a fait très chaud.

☐ trop | Cet été, | bien | il a fait | chaud.

☐ chaud. | très | Cet été, | il a fait

☐ chaud. | il a fait | Cet été,

Aujourd'hui, le vent souffle violemment.

☐ le vent | souffle | trop | Aujourd'hui, | violemment.

☐ souffle | Aujourd'hui, | le vent | avec violence.

☐ violemment. | Aujourd'hui, | souffle | le vent

Entoure le nombre de bonnes réponses. 0 1 2

★★ **Même exercice.**

Est-il dangereux de s'abriter sous un arbre pendant l'orage ?

☐ un arbre | Est-il | sous | d'habiter | pendant | l'orage ? | dangereux

☐ dangereux | Est-il | sous | s'abriter | de | l'orage ? | pendant | un arbre

☐ Est-il | sous | l'arbre | s'abriter | dangereux | pendant | un orage ? | de

N'allez pas marcher au bord de la mer pendant une forte tempête !

☐ de | pendant | marché | N'allez pas | au porc | tempête ! | la mer | une | forte

☐ de | pendant | N'allez pas | au bord | tempête ! | marcher | la | forte | la mère

☐ tempête ! | pendant | marcher | N'allez pas | au bord | de | forte | une | la mer

Entoure le nombre de bonnes réponses. 0 1 2

Objectif 1 : Je comprends une phrase *(niveau 1).*

★★ **Lis les étiquettes dans l'ordre pour comprendre chaque phrase. Puis coche la bonne réponse.**

perroquets	les	parler.	Parfois,	savent	☐ vrai ☐ faux
tortues	Toutes	les	voler.	peuvent	☐ vrai ☐ faux
certains	La	serpents	mortelle !	est	morsure	de	☐ vrai ☐ faux
lapins	ont	Les	queue	deux	cornes.	une	et	☐ vrai ☐ faux
dos	du	recouvert	hérisson	est	piquants.	Le	de	☐ vrai ☐ faux
grandes	ont	argent.	défenses	éléphants	en	Les	deux	☐ vrai ☐ faux

Entoure le nombre de bonnes réponses.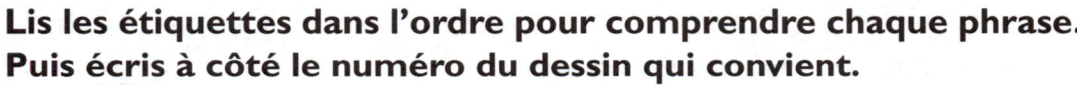
0 à 2   3 à 4   5 à 6

BIEN LIRE LES PHRASES

★★ **Lis les étiquettes dans l'ordre pour comprendre chaque phrase. Puis écris à côté le numéro du dessin qui convient.**

♦ La princesse | du château | s'enfuit | loin | du méchant | à cheval | prince.   **dessin n° …**

♦ La princesse | du | prince | à cheval | le | près | aperçoit | méchant | château.   **dessin n° …**

♦ Le prince | rejoindre | vers | château | la | pour | le | galope | princesse.   **dessin n° …**

1

2

3

Entoure le nombre de bonnes réponses.
0   1 à 2   3

↪ *Reporte tes résultats dans la grille de suivi.*

Objectif 1 : Je comprends une phrase (niveau 1).

18 À un mot près

★ **Entoure le mot qui a changé dans la deuxième phrase de chaque série. Puis coche la bonne réponse.**

Les deux phrases ont le même sens :

Kim va toujours à la patinoire à pied. Kim va parfois à la patinoire à pied.	☐ oui ☐ non
Le gymnase est loin de l'école de Younès. Le gymnase est éloigné de l'école de Younès.	☐ oui ☐ non
En revenant de la piscine, Julie a rarement faim ! En revenant de la piscine, Julie a souvent faim !	☐ oui ☐ non
Amina enfile rapidement son kimono pour aller au judo. Amina enfile vite son kimono pour aller au judo.	☐ oui ☐ non

Entoure le nombre de bonnes réponses.   0 à 1   2 à 3   4

★★ **Même exercice.**

Les deux phrases ont le même sens :

L'autruche est le plus gros de tous les oiseaux. L'autruche est le plus gros de tous les animaux.	☐ oui ☐ non
Le paresseux passe presque toute sa vie à dormir. Le paresseux passe presque sa vie entière à dormir.	☐ oui ☐ non
Au zoo, un tigre mange, par semaine, près de 5 kg de viande. Au zoo, un tigre mange, par semaine, plus de 5 kg de viande.	☐ oui ☐ non
Une panthère peut passer trois jours sans boire. Une panthère veut passer trois jours sans boire.	☐ oui ☐ non

Entoure le nombre de bonnes réponses.   0 à 1   2 à 3   4

★★ **Entoure le mot ou le groupe de mots qui s'est déplacé dans la deuxième phrase. Puis coche la case si les deux phrases ont le même sens.**

La Lune est quatre fois plus petite que notre planète, la Terre. La Lune, notre planète, est quatre fois plus petite que la Terre.	☐
La Lune tourne autour de la Terre en vingt-neuf jours environ. La Lune tourne autour de la Terre environ en vingt-neuf jours.	☐
Elle tourne à la fois lentement sur elle-même et autour de la Terre. Elle tourne à la fois sur elle-même lentement et autour de la Terre.	☐

↪ *Reporte tes résultats dans la grille de suivi.*   Entoure le nombre de bonnes réponses.   0   1 à 2   3

Objectif 1 : Je comprends une phrase (niveau 1).

 **Le mot à ajouter**

★ **Trace un trait à l'endroit où l'on peut ajouter le mot en bleu, comme dans l'exemple.**

grosse   Samy fête ses huit ans à l'école : il a apporté une / brioche.

longue   Flora a reçu une lettre de sa grand-mère.

très   La cousine de Marine est une comédienne célèbre.

tout   L'école d'Elsa est près du musée.

bien   Morgane voudrait être pilote d'hélicoptère, quand elle sera adulte.

Entoure le nombre de bonnes réponses.
0 à 1   2 à 3   4

★★ **Même exercice.**

les   De nouveaux jeux pour enfants ont été installés dans le square.

lui   Sur le lac, le cygne s'approche et les promeneurs jettent des morceaux de pain.

y   Il y a un bassin couvert de nénuphars, dans le parc, et l'on peut voir des grenouilles.

en   Trois enfants jouent avec du sable : ils remplissent leur seau avec leur pelle.

Entoure le nombre de bonnes réponses.
0 à 1   2 à 3   4

 Entoure le mot en bleu que l'on peut ajouter dans la phrase, puis indique sa place en traçant un trait.

tant   La longue queue du requin-renard lui sert à assommer ses proies.   très

parmi   Le poisson-torpille paralyse sa proie avec une décharge électrique.   puissante

affreuse   Le poisson-mandarin fait fuir ses ennemis grâce à son odeur.   poisseuse

pour   Un crabe se casse une patte, une autre pousse à sa place.   quand

 *Reporte tes résultats dans la grille de suivi.*

Entoure le nombre de bonnes réponses.
0 à 1   2 à 3   4

BIEN LIRE LES PHRASES

Objectif 1 : *Je comprends une phrase* (niveau 1).

 La case qui convient

★ **Lis chaque phrase et coche la case qui convient, comme dans l'exemple.**

	C'est l'été.	C'est l'hiver.	C'est impossible.
Il fait chaud, tous les vacanciers sont sur la plage.	X		
Il a fait si froid que le lac est complètement gelé.			
La neige est tombée toute la nuit dans le placard.			
Les enfants enfilent une cagoule et des gants pour sortir.			
L'herbe de la pelouse est desséchée par le soleil.			
Deux skieurs glissent sur les murs d'un château de sable.			

	C'est en classe.	C'est à la récréation.	C'est bizarre.
Gabrielle sort ses billes pour jouer avec Louise.			
Julien prend une craie et écrit la date au tableau.			
Jeanne ouvre son cartable et y range un verre d'eau.			
Simon récite sa poésie près du bureau du maître.			
Lise monte sur le banc de la cour pour griller son goûter.			
Sabri court vers Florian pour jouer au ballon avec lui.			

Entoure le nombre de bonnes réponses.
0 à 4   5 à 7   8 à 11

★★ **Même exercice.**

	C'est le jour.	C'est la nuit.	C'est le jour ou la nuit.
Au-dessus de la forêt, les étoiles brillent dans le ciel noir.			
Les chats du quartier miaulent au clair de lune.			
Le chien dort sur le canapé et les enfants sont à l'école.			
Dans l'eau du lac, on aperçoit le reflet de la lune.			
La cour de l'école est vide.			
Une voiture s'arrête brusquement au feu rouge.			

BIEN LIRE LES PHRASES

Objectif 1 : Je comprends une phrase (niveau 1).

	« Il » est un animal.	« Il » est un enfant.	« Il » est un animal ou un enfant.
Il rampe sous le lit pour attraper son livre de lecture.			
Quand il est malade, il n'arrête pas de miauler !			
Il a joué avec sa balle dans le jardin.			
Il a déchiré le rideau de la chambre d'un coup de griffe.			
Épuisé par sa longue promenade, il a bondi sur le lit.			
Il galope jusqu'à la boulangerie pour s'acheter un croissant.			

Entoure le nombre de bonnes réponses.
0 à 4   5 à 8   9 à 12

★★ **Écris le numéro de chaque phrase dans la ou les cases qui conviennent, comme dans l'exemple.**

1. Traverser la rue quand le feu est au vert pour les voitures.
2. Prendre des bonbons dans un magasin sans les payer.
3. Jouer au ballon au milieu de l'autoroute.
4. Faire du vélo en portant un casque.
5. Ne pas attacher sa ceinture en voiture.
6. Marcher en équilibre sur un fil.

Autorisé	....
Interdit	1 ....
Dangereux	1 ....

Entoure le nombre de bonnes réponses.
0 à 2   3 à 5   6 à 8

↪ *Reporte tes résultats dans la grille de suivi.*

> Objectif 2 : Je comprends une phrase (niveau 2).

 Des phrases à lier

★ **Entoure le mot en bleu qui peut relier les deux parties de chaque phrase.**

♦ Arthur n'aime ni le dessin et / ni / donc la musique.

♦ Alan voudrait être trapéziste ou / car / mais il a le vertige.

♦ Alice aimerait devenir informaticienne car / ou / donc exploratrice.

♦ Samed prend des cours de danse quand / pour / car il rêve d'être danseur.

♦ Léa ne pourra pas devenir vétérinaire quand / si / même elle a peur des chiens.

Entoure le nombre de bonnes réponses.
0 à 1   2 à 3   4 à 5

★★ **Même exercice.**

♦ On n'a pas le droit de conduire seul une voiture avant que / tant que / sinon l'on n'a pas 18 ans.

♦ On doit attacher sa ceinture de sécurité pour que / avant que / lorsque l'on voyage en voiture.

♦ On peut traverser la route puisque / pourtant / ainsi le feu pour les voitures est rouge.

♦ Avant l'âge de dix ans, il est recommandé de s'asseoir sur le siège arrière de la voiture pour que / plutôt que / depuis que sur le siège avant.

Entoure le nombre de bonnes réponses.
0 à 1   2 à 3   4

★★ **Complète chaque phrase avec le mot entre parenthèses qui convient.**

♦ Quand c'est ...., il vaut mieux se déplacer à pied ou à vélo plutôt que d'utiliser la voiture qui pollue l'air. (bien / longtemps / possible)

♦ On ne pense pas toujours à éteindre la lumière dès que l'on quitte une pièce, c'est .... un moyen simple d'économiser de l'électricité. (rarement / pourtant / beaucoup)

♦ Les piles contiennent des substances très toxiques, c'est .... il ne faut pas les jeter n'importe où. (parce qu' / alors / pourquoi)

♦ Il ne faut surtout pas jeter de sacs en plastique dans la mer, car c'est .... qu'on peut tuer un dauphin, si jamais il en avale un. (ainsi / depuis / malheureusement)

Entoure le nombre de bonnes réponses.
0 à 1   2 à 3   4

↪ *Reporte tes résultats dans la grille de suivi.*

Objectif 2 : Je comprends une phrase (niveau 2).

22 Finale au choix

★ **Coche la fin qui convient pour compléter chaque phrase.**

Si j'ai la permission, dit Corto,
- ☐ je crois que je serai malade.
- ☐ je crois aux fantômes.
- ☐ je crois que j'irai au cinéma.

Sofia a bien réfléchi, elle a décidé
- ☐ qu'il fera beau aujourd'hui.
- ☐ qu'il fait trop froid pour sortir.
- ☐ qu'il y a beaucoup de nuages dans le ciel.

Comme elle n'a plus de vélo, Aglaë se demande
- ☐ pourquoi elle va aller à l'école.
- ☐ qui va aller à l'école.
- ☐ comment elle va aller à l'école.

Entoure le nombre de bonnes réponses. 0 1 à 2 3

★★ **Même exercice.**

Le Prince Zim décida de tuer l'affreux monstre
- ☐ que terrorisait son royaume.
- ☐ qui terrorisait son royaume.
- ☐ pour terroriser son royaume.

Le Prince, pénétrant dans la grotte, sursauta
- ☐ bien qu'il entende le cri du monstre.
- ☐ dès qu'il entendit le cri du monstre.
- ☐ pour qu'il entende le cri du monstre.

L'affreux monstre se jeta sur le pauvre Prince
- ☐ afin qu'il puisse s'enfuir.
- ☐ pour qu'il puisse s'enfuir.
- ☐ avant qu'il ne puisse s'enfuir.

Entoure le nombre de bonnes réponses. 0 1 à 2 3

★★★ **Relie ensemble le début et la fin de chaque phrase.**

Chaque jour, Max doit se rendre à l'école en bus •   • mais il ne peut pas y aller à pied.

Salim voudrait bien éviter d'aller à l'école en voiture •   • puisqu'il ne peut pas y aller à pied.

Paul a déménagé, il habite maintenant près de l'école •   • quand il y va à pied.

Samuel arrive toujours en retard à l'école •   • et, depuis, il peut y aller à pied.

Entoure le nombre de bonnes réponses. 0 à 1 2 à 3 4

↪ *Reporte tes résultats dans la grille de suivi.*

BIEN LIRE LES PHRASES

Objectif 2 : *Je comprends une phrase (niveau 2).*

23 Même sens ou sens contraire ?

★ **Souligne les mots qui ont changé dans la deuxième phrase de chaque série, puis coche la bonne réponse.**

Les deux phrases ont :

- Dans la cour de l'école, les enfants crient tous ensemble.
- Dans la cour de l'école, les élèves hurlent tous ensemble.

☐ le même sens
☐ un sens contraire

- Le maître, d'un coup de chiffon, efface au tableau l'opération fausse.
- L'enseignant, d'un coup de chiffon, supprime au tableau l'opération fausse.

☐ le même sens
☐ un sens contraire

- Chaque lundi, la matinée de classe débute par une leçon de gymnastique.
- Chaque lundi, la matinée de cours se termine par une leçon de gymnastique.

☐ le même sens
☐ un sens contraire

Entoure le nombre de bonnes réponses.   0   1 à 2   3

★★ **Lis chaque couple de phrases puis coche la bonne réponse.**

Les deux phrases ont :

- À la sortie de l'école, les élèves, le soir, se regroupent un court instant sur le trottoir.
- Le soir, quand ils sortent de l'école, les élèves se rassemblent sur le trottoir pendant un long moment.

☐ le même sens
☐ un sens contraire

- Zoé adore regarder, à la télé, les films qui font peur.
- Les films qui font peur, Zoé déteste les regarder à la télé.

☐ le même sens
☐ un sens contraire

- À la cantine, Cindy n'a pas mangé sa viande car elle était trop saignante.
- La viande de la cantine était trop saignante, alors Cindy l'a laissée dans son assiette.

☐ le même sens
☐ un sens contraire

Entoure le nombre de bonnes réponses.   0   1 à 2   3

Objectif 2 : Je comprends une phrase (niveau 2).

⭐⭐ **Coche la phrase qui dit exactement le contraire de la phrase en bleu.**

Pour éviter les incendies, il ne faut jamais allumer de feu dans une forêt ni fumer, surtout s'il fait très sec ou s'il y a du vent.

☐ Fumer ou allumer un feu près d'une forêt par temps sec ou venté risque de provoquer un incendie.

☐ Afin de ne pas risquer de provoquer un incendie, il faut éviter de faire du feu ou de fumer en forêt lorsque le temps est sec ou s'il y a du vent.

☐ Par temps sec ou venté, il est recommandé d'allumer du feu afin d'éviter de provoquer des incendies.

Pour lutter efficacement contre les incendies de forêts, les pompiers utilisent des avions spéciaux, les canadairs, qui larguent l'eau qu'ils transportent sur les flammes pour les éteindre.

☐ Lors d'un incendie de forêt, les pompiers utilisent des canadairs pour éteindre efficacement le feu.

☐ L'un des moyens de lutte le moins efficace pour éteindre un incendie est le canadair qui largue l'eau qu'il transporte pour éteindre les flammes.

☐ Des avions spéciaux, appelés canadairs, sont utilisés par les pompiers pour éteindre les feux de forêt.

Un canadair se remplit de 5 000 litres d'eau en 10 secondes et se vide au-dessus d'un incendie de forêt en une seule seconde !

☐ Il faut une seconde à un canadair pour se vider de son contenu d'eau (5 000 litres) et dix secondes pour se remplir !

☐ 10 secondes, c'est le temps qu'il faut à un canadair pour se vider de son contenu d'eau et 1 seconde, c'est le temps qu'il met à se remplir d'eau !

☐ Quand un canadair se remplit d'eau, cela lui prend dix secondes, mais il lui faut dix fois moins de temps pour se vider : une seule seconde suffit !

BIEN LIRE LES PHRASES

Entoure le nombre de bonnes réponses. 😐 🙂 😀
                                       0   1 à 2   3

↪ *Reporte tes résultats dans la grille de suivi.*

Objectif 2 : Je comprends une phrase (niveau 2).

24 Le juste titre

★ **Coche la phrase qui va avec le titre.**

La sieste du chat
☐ Un délicieux poulet dore dans le four sous les yeux du chat affamé.
☐ Le chat de Youssef, qui est désobéissant, a déchiré le drap du lit avec ses griffes.
☐ Sur le lit de Paulo, le chat, roulé en boule, dort profondément.

Une chute à vélo
☐ Le vélo qu'Anthony a eu pour Noël est tombé et sa pédale est toute tordue.
☐ Sur le chemin de l'école, Carla s'est blessée au genou en tombant de vélo.
☐ Les chutes de neige ont rendu la route trop glissante pour sortir à vélo !

Entoure le nombre de bonnes réponses. 0 1 2

★★ **Même exercice.**

Mystérieuse disparition
☐ Soudain, le soleil disparaît, masqué par un énorme nuage gris et le tonnerre gronde.
☐ Le stylo d'Alex a disparu, mais rien d'étonnant à cela car il ne range jamais ses affaires !
☐ Ce matin, impossible de trouver la trousse de Malo alors qu'il l'avait posée sur son bureau avant d'aller se coucher et que personne n'est entré dans sa chambre depuis !

Surprenant cadeau !
☐ À peine ses bougies soufflées, Farah s'empresse d'ouvrir ses cadeaux et découvre avec bonheur, dans le paquet que ses parents lui tendent, l'appareil photo dont elle a tant rêvé !
☐ En sortant, Tim faillit marcher sur la souris que son chat avait déposée, comme un cadeau, sur le paillasson de ses maîtres, un cadeau dont Tim se serait bien passé !
☐ Lou et Sam veulent économiser de l'argent afin d'offrir un beau cadeau à leur sœur.

Entoure le nombre de bonnes réponses. 0 1 2

★★ **Écris le numéro du titre qui convient pour chaque phrase.**

1. Record de lenteur **2. Quel paresseux !** **3. Vivre la tête en bas !**

☐ L'aï, que l'on appelle également le paresseux, est un étrange animal qui passe la plus grande partie de son temps suspendu la tête en bas dans les arbres.

☐ Lorsqu'il se déplace au sol, l'aï, que l'on surnomme le « paresseux », avance à la vitesse de cinq mètres par minute, ce qui est vraiment très peu !

☐ Le paresseux porte bien son nom car il dort environ vingt heures par jour !

↪ *Reporte tes résultats dans la grille de suivi.*

Entoure le nombre de bonnes réponses. 0 1 à 2 3

Objectif 2 : Je comprends une phrase (niveau 2).

25 Une phrase, une image

★ **Écris le numéro du dessin qui correspond à chaque phrase.**

☐ Ces enfants sont adorables lorsqu'ils jouent tranquillement pendant que leur mère lit.

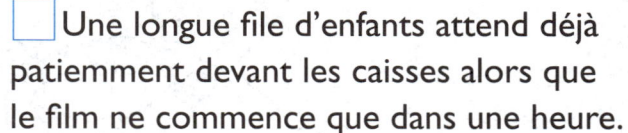

☐ Une longue file d'enfants attend déjà patiemment devant les caisses alors que le film ne commence que dans une heure.

☐ Une longue file d'enfants attend gentiment devant la porte car le maître n'est pas encore arrivé !

☐ Deux enfants ont exécuté un morceau de musique à l'occasion d'un concert organisé pour la fête de l'école.

Entoure le nombre de bonnes réponses. 0 à 1   2 à 3   4

★★ **Écris le numéro du dessin qui correspond à chaque phrase. Attention, il y a un dessin de trop !**

☐ Courageusement, le chevalier Bravoche, brandissant sa lourde épée, se lance, au galop, à l'assaut du dragon Feudetoubois.

☐ Perché sur son fidèle cheval Alonso, le chevalier Gonzague, la main sur sa fine épée, observe de loin la grotte où se cache le féroce dragon.

☐ Le chevalier Gontran, du haut de son cheval, regarde au loin la grotte dans laquelle est retenue prisonnière la princesse Rosa, réfléchissant au meilleur moyen de la libérer.

Entoure le nombre de bonnes réponses. 0   1 à 2   3

Objectif 2 : Je comprends une phrase (niveau 2).

Écris le numéro qui convient pour chaque phrase en t'aidant du dessin et de ses légendes. Attention, il y a une phrase de trop !

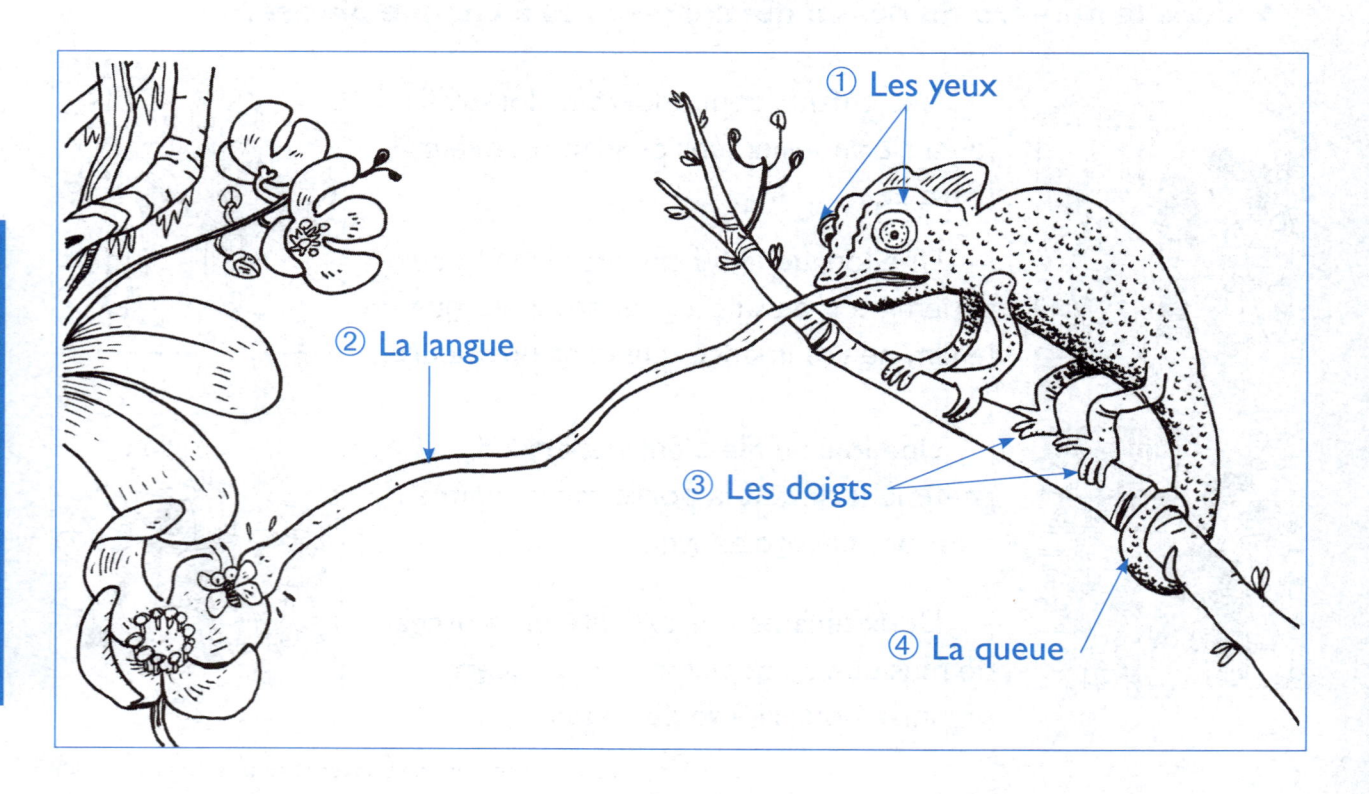

① Les yeux
② La langue
③ Les doigts
④ La queue

☐ Chez certains caméléons, elle est plus longue que le corps et elle se termine par une boule collante avec laquelle ils attrapent les insectes.

☐ Ils sont indépendants l'un de l'autre et peuvent tourner dans toutes les directions, ce qui est bien pratique pour observer sa proie ou guetter ses ennemis !

☐ Recouverte d'écailles, elle n'est pas de la même couleur chez tous les caméléons mais, pour tous, elle peut changer de couleur, leur permettant ainsi de se camoufler dans le paysage !

☐ Elle est préhensible, c'est-à-dire que le caméléon peut s'en servir comme d'une patte en l'enroulant autour d'une branche, par exemple.

☐ Ils lui assurent une bonne prise pour se déplacer de branche en branche car il en possède cinq à chaque patte.

Entoure le nombre de bonnes réponses.
0 à 1   2 à 3   4

BIEN LIRE LES PHRASES

↪ Reporte tes résultats dans la grille de suivi.

Objectif 2 : Je comprends une phrase (niveau 2).

26 Les mots pirates

★ **Barre le mot pirate caché dans chaque phrase, comme dans l'exemple.**

♦ Il n'avait pas neigé depuis plusieurs hivers et c'est donc avec ~~dans~~ des cris de joie que les enfants accueillirent les premiers flocons qui voletaient dans le ciel.

♦ L'orage éclata soudain, la pluie se mit à tomber sous sur les toits avec fracas tandis que des éclairs illuminaient le jardin comme en plein jour.

♦ Le vent soufflait avec violence, pliant les branches des arbres, retournant les parapluies des passants et faisant claquer car les volets des maisons.

♦ La pluie, qui quand était tombée brusquement, n'avait pas été assez abondante pour mouiller la terre, desséchée par trois mois d'été sans une seule averse.

Entoure le nombre de bonnes réponses. 0 1 à 2 3

★★ **Même exercice.**

♦ Le Petit Poucet et ses frères s'enfuirent en courant de la maison de l'ogre et c'est à bout de souffle bras qu'ils arrivèrent chez eux, sains et saufs !

♦ Cendrillon quitta précipitamment le bal alors que les douze coups d'œil de minuit sonnaient car sa marraine la fée l'avait prévenue que le carrosse redeviendrait citrouille !

♦ La Belle au bois dormant fut réveillée au bout de cent ans par un prince qui la délivra d'un mauvais sort et, à la fin de l'histoire, ils se marièrent et ils eurent beaucoup très d'enfants !

♦ Boucle d'or, profondément endormie, entendit les grognements des trois ours et se réveilla en sursaut, en ayant si peur que ses cheveux se dressèrent tout trop droit sur sa tête.

Entoure le nombre de bonnes réponses. 0 à 1 2 à 3 4

★★★ **Barre les mots pirates cachés dans chaque phrase en t'aidant du titre.**

Quel gâchis !

Dans la famille de Sido, personne ne se préoccupe d'économiser l'eau et chacun prend, chaque matin, une très courte longue douche pour faire sa toilette, ce qui économise gâche beaucoup d'eau.

Un gourmand qui ne jette pas ses déchets n'importe où !

À chaque fois que Manu mange un bonbon, ce qui lui arrive rarement souvent, soit il jette le papier d'emballage dans la rue poubelle la plus proche, soit il le met dans sa poche en attendant de trouver une poubelle boîte aux lettres dans laquelle le jeter.

Entoure le nombre de bonnes réponses. 0 à 1 2 à 3 4 à 5

↪ *Reporte tes résultats dans la grille de suivi.*

BIEN LIRE LES PHRASES

Objectif 3 : Je comprends une suite de phrases.

27 Trouver la consigne

★ **Coche le dessin qui correspond à la consigne.**

Trace un cercle dans un rectangle. Il doit être placé en haut et à gauche du rectangle. Il ne doit pas toucher les côtés du rectangle.

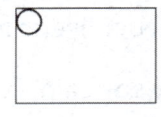

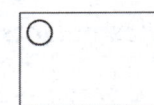

Trace un cercle pour représenter un visage. Ajoute un trait pour la bouche, deux points pour le nez. Enfin, dessine un rond à droite et un point à gauche pour les yeux.

Dessine la coque d'un bateau avec deux mâts : le grand mât portera deux voiles en forme de triangle. Le petit mât n'en portera qu'une seule, de forme triangulaire.

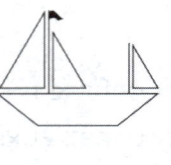

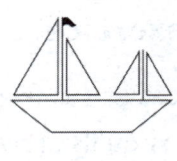

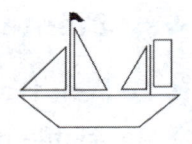

Entoure le nombre de bonnes réponses. 0   1 à 2   3

★★ **Même exercice.**

Prends une balle, suspendue à un fil élastique, entre tes dents. Les mains dans le dos, écarte les jambes et penche-toi au-dessus d'un verre posé au sol. Sans l'aide de tes mains, essaye de faire tomber la balle dans le verre.

Pour jouer au jeu des chips, il faut avoir préparé deux parcours identiques, en collant des pailles sur un carton. Chaque joueur prend une paille et une chips. Avec sa paille, il souffle sur la chips pour la faire avancer sur le parcours.

Objectif 3 : Je comprends une suite de phrases.

Chaque équipe s'assied par terre à la queue leu leu. Le chef d'équipe, debout, donne au dernier de la file un seau d'eau que les joueurs doivent se passer de l'un à l'autre, au-dessus de leur tête, sans le renverser et le plus vite possible. Le premier de la file verse le seau dans une cuvette. Et c'est reparti pour un autre seau !

☐   ☐   ☐

Entoure le nombre de bonnes réponses.   0   1 à 2   3

★★ Coche la consigne qui correspond au travail de l'élève sur son cahier.

☐ Écrire la date à trois carreaux de la marge. Puis écrire le mot « Grammaire », ainsi que le numéro et la page des exercices. Passer deux lignes après la consigne et souligner tous les verbes. À la fin de l'exercice de grammaire, tirer un trait à quatre carreaux de la marge. Puis écrire « Opérations » et poser ensuite les quatre additions écrites au tableau.

☐ Écrire la date à trois carreaux de la marge. Puis écrire et souligner le mot « Grammaire », ainsi que le numéro et la page de l'exercice. Commencer l'exercice à deux carreaux de la marge et souligner tous les verbes. À la fin de l'exercice de grammaire, tirer un trait de quatre carreaux. Puis écrire et souligner « Opérations ». Poser ensuite les quatre soustractions écrites au tableau.

☐ Écrire la date. Puis écrire, sans le souligner, le mot « Grammaire », ainsi que le numéro et la page de l'exercice. Commencer l'exercice à deux carreaux de la marge et souligner uniquement les verbes. À la fin de l'exercice de grammaire, tirer deux traits de quatre carreaux. Puis écrire « Opérations » et poser ensuite les quatre soustractions écrites au tableau.

Entoure le nombre de bonnes réponses.   0   1

↪ *Reporte tes résultats dans la grille de suivi.*

BIEN LIRE LES PHRASES

Objectif 3 : Je comprends une suite de phrases.

28 C'est à quel sujet ?

★ **Lis chaque série de phrases puis complète le tableau.**

1. La baleine bleue est le plus lourd de tous les animaux. Elle peut peser 190 tonnes, ce qui est le poids de 31 éléphants !

2. L'autruche ne peut pas voler ; par contre, elle court très vite. Elle est capable de courir plus vite qu'une antilope (70 km à l'heure) si elle fuit un danger !

3. Une fourmi peut transporter un grain de blé plus gros qu'elle. Un enfant qui serait aussi fort pourrait porter un sac de 100 kilos.

4. Les hippopotames passent une grande partie de la journée à somnoler à la surface de l'eau. Ils ont besoin de se reposer le jour car ils ne dorment pas la nuit.

La série de phrases n° … parle du poids d'un animal.
La série de phrases n° … parle de la force d'un animal.
La série de phrases n° … parle du sommeil d'un animal.
La série de phrases n° … parle de la vitesse d'un animal.

Entoure le nombre de bonnes réponses. 0 à 1   2 à 3   4

★★ **Même exercice.**

1. Le chevalier était, au Moyen Âge, un guerrier se battant à cheval pour défendre un seigneur. En échange, le seigneur lui donnait des terres et parfois de l'argent.

2. Au début du Moyen Âge, les chevaliers combattaient la tête protégée par un casque. Ils portaient une tunique en fils métalliques (le haubert) qui les recouvrait du cou jusqu'aux genoux. Plus tard, ils se protégèrent mieux en portant une armure.

3. Armé de son épée Durandur, le chevalier Gontran de Saint-Albert partit au combat sur son fidèle cheval Destrio. Mais hélas, après deux heures de bataille acharnée, il fut mortellement blessé par son adversaire !

4. Pour combattre à cheval, les chevaliers utilisaient une très longue lance pour faire tomber leur adversaire. Ils portaient également une épée. Elle était si lourde qu'ils devaient la tenir à deux mains pour se battre !

La série de phrases n° … décrit la tenue de combat des chevaliers.
La série de phrases n° … explique ce qu'est un chevalier au Moyen Âge.
La série de phrases n° … parle des armes des chevaliers.
La série de phrases n° … raconte une histoire de chevalier.

Entoure le nombre de bonnes réponses. 0 à 1   2 à 3   4

Objectif 3 : *Je comprends une suite de phrases.*

★★ **Lis chaque suite de phrases puis entoure les mots qui permettent de compléter la phrase en bleu.**

Les Bochimans, un peuple qui vit en Namibie, au sud de l'Afrique, apprécient les œufs d'autruche. S'ils en trouvent un, ils ne le cassent surtout pas ! Pour manger son contenu, ils le percent d'un petit trou et le vident. Ils peuvent alors utiliser sa coquille comme gourde pour l'eau. Il suffit de la remplir et de boucher le trou avec de l'herbe et un peu de cire d'abeille. Et pour rendre ces gourdes naturelles plus jolies encore, ils les ornent de dessins et de gravures.

Cette suite de phrases explique comment / pourquoi / quel les habitants de Namibie transforment / transpercent / mangent les œufs d'autruche en gravures / gourdes / coquille après les avoir cassés / appréciés / mangés.

Entoure le nombre de bonnes réponses. 0 à 1   2 à 3   4

★★ **Coche les phrases qui donnent les mêmes informations que le groupe de phrases en bleu.**

Pour les Dolganes, un peuple qui vit au nord de la Russie, le renne est un animal précieux ; en effet, domestiqué, c'est lui qui tire leurs traîneaux. Il leur permet ainsi de se déplacer. De plus, les Dolganes se nourrissent de viande de renne sauvage dont ils utilisent la peau et les os pour fabriquer vêtements et outils.

☐ Grâce au renne, sauvage ou domestique, les Dolganes, peuple du nord de la Russie, peuvent se déplacer, se nourrir, s'habiller et s'outiller !

☐ Le renne (domestique ou sauvage) est précieux pour les Dolganes qui vivent au nord de la Russie, car il transporte leur viande, leurs outils, leur peau et leurs os !

☐ Au nord de la Russie, les Dolganes, sauvages ou domestiques, survivent grâce au renne dont ils mangent la viande et dont ils utilisent la peau et les os pour se loger.

☐ Les Dolganes, peuple du nord de la Russie, se déplacent sur des traîneaux tirés par des rennes domestiqués ; ils mangent de la viande de renne sauvage et, avec la peau et les os de ces rennes, ils fabriquent des outils et des habits.

Entoure le nombre de bonnes réponses. 0   1   2

↪ *Reporte tes résultats dans la grille de suivi.*

BIEN LIRE LES PHRASES

Objectif 3 : Je comprends une suite de phrases.

29 Un point, c'est tout !

★ **Coche les suites de phrases dont la ponctuation est correcte.**

☐ Pendant les vacances, il y a eu une fuite d'eau dans la classe, à cause d'une fenêtre mal fermée. Les cahiers n'ont pas été mouillés. Par contre, l'écharpe de la maîtresse, qui était restée accrochée à la poignée de la fenêtre, était trempée !

☐ Pendant les vacances, il y a eu une fuite d'eau dans la classe. À cause d'une fenêtre mal fermée, les cahiers n'ont pas été mouillés. Par contre, l'écharpe de… La maîtresse, qui était restée accrochée à la poignée de la fenêtre, était trempée !

☐ Pendant les vacances, il y a eu une fuite d'eau dans la classe (à cause d'une fenêtre mal fermée). Les cahiers n'ont pas été mouillés par contre, l'écharpe de la maîtresse, qui était restée accrochée à la poignée de la fenêtre, était trempée !

Entoure le nombre de bonnes réponses.   0   1   2

★★ **Même exercice.**

☐ Dans certains pays les enfants sont trop pauvres. Pour s'acheter des jouets, alors ils s'en fabriquent ! Ils utilisent du bois, de la ficelle ou des pierres. Ils récupèrent du plastique, de la ferraille et, avec, tout ce matériel ! Ils construisent des voitures, des poupées ou des trottinettes !

☐ Dans certains pays, les enfants sont trop pauvres pour s'acheter des jouets. Alors ils s'en fabriquent ! Ils utilisent du bois, de la ficelle ou des pierres. Ils récupèrent du plastique, de la ferraille. Et avec tout ce matériel, ils construisent des voitures, des poupées ou des trottinettes !

☐ Dans certains pays, les enfants sont trop pauvres pour s'acheter des jouets, alors ils s'en fabriquent. Ils utilisent du bois, de la ficelle ou des pierres, ils récupèrent du plastique, de la ferraille et, avec tout ce matériel, ils construisent des voitures, des poupées ou des trottinettes !

Entoure le nombre de bonnes réponses.   0   1   2

★★★ **Écris le numéro de la phrase qui correspond à chaque titre.**

1. La pluie se mit à tomber très fort à midi. La rivière déborda et inonda la cour de l'école.
2. La pluie se mit à tomber très fort. À midi, la rivière déborda et inonda la cour de l'école.

Fortes pluies à midi. ☐   **Inondation de la cour à midi.** ☐

1. Macha prend le train pour Paris, demain. Elle va visiter la tour Eiffel et le musée du Louvre.
2. Macha prend le train pour Paris. Demain, elle va visiter la tour Eiffel et le musée du Louvre.

Demain, visite de Paris. ☐   **Demain, départ pour Paris.** ☐

1. « Mon frère, dit Félix, est tombé dans la rue. Il courait et il a trébuché sur une pierre. »
2. Mon frère dit : « Félix est tombé dans la rue. Il courait et il a trébuché sur une pierre. »

La chute de Félix. ☐   **La chute du frère de Félix.** ☐

↪ *Reporte tes résultats dans la grille de suivi.*

Entoure le nombre de bonnes réponses.   0   1 à 2   3

Bien lire les histoires

Objectif 1 — *Je repère les informations principales d'une histoire.*

Objectif 2 — *Je comprends le sens d'une histoire.*

ET NOUS AVONS ENFIN PU JOUER DANS L'EAU !

MERCREDI, ON EST ALLÉS À LA PISCINE.

MAIS LÉA AVAIT OUBLIÉ SON MAILLOT DE BAIN.

ALORS LE MAÎTRE-NAGEUR LUI EN A PRÊTÉ UN.

Numérote les prénoms des enfants dans l'ordre pour comprendre l'histoire qu'ils racontent.

Dora n° …   Lou n° …   Léo n° …   Marc n° …

Objectif 1 : Je repère les informations principales d'une histoire.

30 Une histoire, une image

⭐ **Entoure le mot qui convient pour compléter le texte. Aide-toi du dessin.**

Marie	.... est vraiment très étourdi.	Arthur
tomber	Il oublie toujours tout ! Il fait	brûler
	ses tartines, déborder le lait dans	
la casserole	.... Et il a encore laissé	le bol
de la cuisine	la porte .... ouverte.	du réfrigérateur

Entoure le nombre de bonnes réponses.   0 à 1   2 à 3   4

⭐⭐ **Même exercice.**

cet immeuble	Qu'il est beau, ...	ce château
fenêtres	avec ses quatre	tours
pont-levis	et son petit .... qui	drapeau
au vent	flotte .... !	à la fenêtre
	On aurait vraiment envie de	
	le visiter ! Dommage qu'il soit	
en pierre	.... !	en sable

Entoure le nombre de bonnes réponses.   0 à 1   2 à 3   4 à 5

⭐⭐⭐ **Complète le texte avec les mots de la liste qui conviennent en t'aidant du dessin. Attention aux intrus !**

pieds nus – le médecin – le pied – vaccin – la directrice – le bras – inquiet – torse nu – piqûre – pansement

Aujourd'hui, Sam a rendez-vous chez .... Elle lui a demandé de se mettre .... car elle doit lui faire un .... contre la rougeole. Sam est un peu ...., il a peur d'avoir mal ! Il essaye de se donner du courage en se disant qu'une .... dans ...., ce n'est rien !

Entoure le nombre de bonnes réponses.   0 à 2   3 à 4   5 à 6

↪ *Reporte tes résultats dans la grille de suivi.*

BIEN LIRE LES HISTOIRES

Objectif 1 : Je repère les informations principales d'une histoire.

31 Le bon portrait

★ **Lis chaque portrait puis numérote les dessins comme il convient.**

❶ **Bradefer** est une sorcière. Une sorcière peu ordinaire. Au premier coup d'œil, elle a l'air d'une brave grand-mère : chignon blanc, jolie robe à fleurs. Mais, en regardant de plus près, on voit que les fleurs de sa robe sont en réalité d'affreux crapauds grimaçants et multicolores. Si les manches à volants de sa jolie robe se soulèvent, on aperçoit deux gros bras musclés couverts de tatouages mystérieux. Et malheur à qui la fait parler : sa voix est si stridente qu'elle fait grincer des dents !

❷ **Vérudor** est une sorcière. Une sorcière pleine de mystère. Le jour, elle est institutrice. La nuit, elle envoie valser crayons, livres et cahiers ! Elle enfile par-dessus sa robe à fleurs une longue tunique noire et cache son chignon blanc sous un curieux chapeau pointu. Puis Zoum ! elle enfourche son balai supersonique, file par la fenêtre, direction : le grand bal des sorcières !
Ses élèves ont bien quelques doutes : son nez, un peu trop crochu, sa verrue sur le menton, un peu trop poilue, et surtout son drôle de cartable qui leur rappelle vaguement la forme d'un chaudron magique…

❸ **Keurendur** est une sorcière. Une sorcière pleine de colère. Elle vit dans une maison sombre à l'écart du village. Sa robe à fleurs a depuis longtemps perdu sa couleur et des mèches de cheveux s'échappent de son chignon gris. Elle passe ses journées à grogner, grommeler, gronder… Rien ne lui plaît, tout l'agace… sauf son mignon petit chaton tout rond qu'elle couvre de baisers, de caresses et qu'elle gave de sardines au chocolat blanc !

Entoure le nombre de bonnes réponses.

0 à 2   3 à 4   5 à 6

BIEN LIRE LES HISTOIRES

Objectif 1 : Je repère les informations principales d'une histoire.

⭐⭐ **Coche le nom de la sorcière qui peut remplacer « elle ».**

	Bradefer	Vérudor	Keurendur
Elle a une verrue poilue sur le menton.			
Elle a mauvais caractère.			
La nuit, elle porte un chapeau et une tunique.			
Elle a une robe à volants et des bras musclés.			
Elle vit avec son petit chat.			

Entoure le nombre de bonnes réponses. 0 à 1   2 à 3   4 à 5

⭐⭐ **Lis chaque texte puis coche le nom qui convient pour compléter le titre. Aide-toi des portraits de l'exercice ⭐.**

☐ **Bradefer** ☐ **Keurendur** ☐ **Vérudor** **va à la piscine.**

Un beau jour, elle décida d'aller à la piscine. Les sorcières ont bien le droit de se baigner comme tout le monde ! Elle prit son maillot de bain, son bonnet, sans oublier un petit goûter (un crapaud au miel, c'est son préféré !).
Elle venait à peine d'entrer dans les vestiaires qu'une fillette poussa un cri de terreur en apercevant les affreux motifs de sa robe. La sorcière voulut la rassurer : « N'aie pas peur… », commença-t-elle. Hélas, sa voix stridente terrifia l'enfant qui se sauva en courant, les mains sur les oreilles, en grinçant terriblement des dents !

☐ **Bradefer** ☐ **Keurendur** ☐ **Vérudor** **veut se faire des amis.**

Vêtue de son habituelle robe à fleurs, elle poussa d'un geste décidé la porte du Club de l'Amitié. Elle s'était dit que ce club était l'endroit idéal pour se faire des amis autour d'un jeu ou d'une tasse de thé. Elle s'approcha d'un groupe occupé à jouer aux dominos : hélas, plus une seule chaise de libre !
– « Sympa, l'accueil », ronchonna-t-elle. Et elle abandonna ce groupe pour un autre, installé devant un film policier.
– « Il est nul ce film ! » marmonna-t-elle. « De toute façon, je déteste les films policiers et je déteste encore plus ceux qui les regardent. »
Fâchée, elle ressortit du Club de l'Amitié en claquant la porte et en concluant que son chat était bien son seul et véritable ami !

Entoure le nombre de bonnes réponses. 0   1   2

BIEN LIRE LES HISTOIRES

50

Objectif 1 : Je repère les informations principales d'une histoire.

⭐⭐ **Lis cette aventure de la sorcière Micedolar, puis complète son portrait en écrivant les mots qui conviennent.**

Micedolar s'ennuie.

Micedolar s'ennuyait, dans sa vaste demeure avec pour seule compagnie ses nombreux crapauds-serviteurs (cinquante au total !). Elle rêvait de danser, de s'amuser, de rire un bon coup ! Comme l'argent ne lui manquait pas, elle organisa une fête somptueuse, à laquelle furent invitées toutes les sorcières du pays. Elle leur servit du homard au caviar dans des assiettes en or et leur versa du Champagne dans des verres de cristal. Après le dessert – une merveilleuse mousse au chocolat présentée dans des coupelles d'argent – , elle leur proposa de danser au rythme des banjos et de l'harmonica, ses deux instruments préférés.
Malheureusement, la fête s'arrêta là car les sorcières apprécient le jus de rat plutôt que le Champagne, le ragoût d'araignée plutôt que le homard au caviar et les chaudrons cabossés plutôt que la vaisselle d'or, de cristal ou d'argent !
Les invitées de Micedolar, très déçues, enfourchèrent leur balai au plus vite, la laissant seule. Vexée, elle se consola en finissant la mousse au chocolat, son dessert favori !

Micedolar est une sorcière. Une sorcière .... (tête en l'air / milliardaire).
Elle vit dans un immense .... (palais / grenier)
en compagnie de ses nombreux .... (amis / serviteurs).
Sa vaisselle est .... (en or et en argent / en or, en cristal et en argent).
Le banjo et l'................... sont ses instruments favoris (harmonium / harmonica).
Et si vous voulez lui faire plaisir, proposez-lui du ....
(Champagne / chocolat) sous forme de mousse, c'est ainsi qu'elle le préfère !

Entoure le nombre de bonnes réponses. 0 à 2   3 à 4   5 à 6

↪ *Reporte tes résultats dans la grille de suivi.*

BIEN LIRE LES HISTOIRES

51

Objectif 1 : Je repère les informations principales d'une histoire.

32 De qui parle-t-on ?

★ **Entoure le mot en bleu qui désigne le mot souligné.**

Une drôle d'histoire d'ours

1. Gros Ours vit dans la forêt. Quand il est content,
il grogne de plaisir et casse un ou deux arbres pour s'amuser.
Quand **il** est en colère, il grogne de rage et casse cinq ou   le bûcheron / l'ours
six arbres pour se calmer.
Mais voilà, hier, en tombant d'un rocher, Gros Ours
s'est cassé la patte et maintenant **il** grogne de douleur.   le rocher / l'ours
Un bûcheron aperçoit **le blessé** dans un fossé ;   le bûcheron / l'ours
il court prévenir le vétérinaire qui lui fait une piqûre   le bûcheron / l'ours
pour l'endormir et le transporte au village pour le soigner.
À son réveil, **il** a la patte dans le plâtre et la tête qui   le vétérinaire / l'ours
tourne. Pour le réconforter, on lui apporte un gros
poisson et un pot de miel. **L'animal** mange de bon   le poisson / l'ours
appétit puis s'endort, tout content.
Au bout de quelques jours, **il** va déjà mieux ! *(à suivre…)*   le bûcheron / l'ours

Entoure le nombre de bonnes réponses.
0 à 2   3 à 5   6 à 7

★★ **Même exercice.**

2. À présent, Gros Ours est presque guéri et le facteur
décide de l'emmener avec **lui** pour la distribution du courrier.   l'ours / le facteur
Gros Ours adore ça : c'est **lui** qui porte le sac chargé   l'ours / le facteur
de lettres, il sonne aux portes des gens, **leur** donne   l'ours / les gens
leur courrier et les salue comme un vrai facteur.
À partir de ce jour, Gros Ours est très demandé :
on **l'**appelle pour sortir une voiture du fossé, balayer   l'ours / le facteur
les feuilles, faire traverser les enfants à la sortie
de l'école ou séparer **ceux** qui se battent.   les maîtres / les enfants
Au village, tout le monde l'aime et le complimente.
Alors, pour **le** remercier, les villageois décident de lui   l'ours / le village
offrir une moto et un téléphone portable. Gros Ours est ravi
et devient bientôt « l'ours-à-tout-faire » du village. *(à suivre…)*

Entoure le nombre de bonnes réponses.
0 à 2   3 à 4   5 à 6

Objectif 1 : Je repère les informations principales d'une histoire.

⭐⭐ **Entoure, de la couleur indiquée, les mots qui peuvent être remplacés par les mots en bleu.**

3

les élèves (en vert)   les policiers (en rouge)

Mais un jour, catastrophe ! Gros Ours est arrêté par les gendarmes : il n'a pas de permis et il roule à 150 à l'heure ! On lui confisque sa moto et on le met en prison. Depuis, tout va mal au village : les lettres sont mal distribuées, les enfants ne veulent plus aller à l'école et le garagiste fait la grève.
– Ça ne peut plus durer, dit le maire en colère et il téléphone à Monsieur le Ministre.
– Je vous préviens, menace-t-il, si Gros Ours ne sort pas de prison, ce sera la révolution au village !

un bon écolier (en vert)   leur curieux camarade (en rouge)

Le Ministre est bien embarrassé :
– Votre ours sera libéré si… si… s'il apprend par cœur le code de la route !
Alors les enfants vont à la prison donner des leçons à leur drôle d'ami. Il sait bientôt reconnaître les panneaux et lire STOP DANGER HÔPITAL et PRIORITÉ À DROITE. C'est un bon élève. Il peut sortir et passer son permis de conduire.

les soldats du feu (en vert)   les habitants du village (en rouge)   notre ours adoré (en bleu)

Tous les villageois organisent une grande fête en son honneur. Le maire a même invité Monsieur le Ministre.
– Heureusement que notre cher ours est revenu, dit-il. On ne peut plus se passer de lui, ici. Au moindre problème, on téléphone à Gros Ours et tout est réglé.
– Mais c'est merveilleux, dit Monsieur le Ministre, pouvez-vous me donner son numéro ?
– Bien sûr, c'est très facile : la gendarmerie, c'est le 17 ; les pompiers, c'est le 18 et Gros Ours, c'est le 35 !
– Oh ! merci mille fois, répond Monsieur le Ministre, je crois bien que je vais lui téléphoner aussi !

G. Rémond

↪ *Reporte tes résultats dans la grille de suivi.*

Entoure le nombre de bonnes réponses.
0 à 2   3 à 4   5 à 7

> **Objectif 1 : Je repère les informations principales d'une histoire.**

33 De quoi parle-t-on ?

Le dromadaire savant

1. Un jeune dromadaire avait envie d'apprendre à lire. Il voulait devenir savant.
Il se présente donc, un beau matin, à la porte de l'école.
Le maître l'installe au fond de la classe, près de l'ordinateur. Les enfants lui prêtent un livre de lecture et notre dromadaire se met gentiment à lire, à écrire, à écouter, à bavarder ou à se moucher, comme tous les enfants. De temps en temps, il se met aussi à rêver ou à chahuter, comme tous les enfants. En somme, c'est un élève ordinaire.

2. Le jeune dromadaire a un peu de mal pour l'écriture mais il adore la lecture.
Il lit, par exemple, très, très vite « piano-panier-piano-panier » sans même bafouiller.
Il sait lire aussi « Un chasseur sachant chasser doit savoir chasser sans son chien » sans même s'arrêter ! Il ne confond pas grammaire et grand-mère, petit pois et petit bois, et encore moins chameau et dromadaire ! C'est un dromadaire déjà très savant !
Les enfants l'aiment beaucoup. En récréation, les petits font du toboggan sur sa bosse et les grands jouent au ballon avec lui.

3. Mais un jour, Mario dit au maître :
– Monsieur, Cédric est un âne, il a écrit « un lapins » avec un « s », « deux lapinss » avec deux « s », « trois lapinsss » avec trois « s » !
– Ce n'est pas vrai, proteste le dromadaire, Cédric n'est pas un âne. Moi, les ânes, je les connais.
Et toute la classe se met à rire.
Une autre fois, c'est Zia qui s'écrie :
– Monsieur, Alban est un cochon, il a sali mon cahier !
– Ce n'est pas vrai, proteste de nouveau le dromadaire, Alban n'est pas un cochon. Moi, les cochons, je les connais.
Et toute la classe se met à rire, en se moquant de lui.

4. Cette fois, le dromadaire se fâche tout rouge et mord Mario, qui rit le plus fort.
– Sale chameau ! crie Mario.
– Ce n'est pas vrai, hurle très fort l'animal, je ne suis pas un chameau ! Je suis un dromadaire, moi, et je suis plus propre que toi, affreux bonhomme !
Les enfants ne rient plus : ils regrettent d'avoir fait de la peine à leur ami.
Depuis ce jour, ils font très attention en parlant, surtout devant un dromadaire savant, car les animaux ont leur fierté : les ânes n'aiment pas qu'on les prenne pour des idiots, les cochons ne sont pas si sales qu'on le dit et les dromadaires sont moins chameaux qu'on le pense.

G. Rémond

> **Objectif 1 : Je repère les informations principales d'une histoire.**

★ **Écris dans chaque dessin le numéro du paragraphe qu'il illustre.**

Entoure le nombre de bonnes réponses.
0 à 1   2 à 3   4

★★ **Dans chaque paragraphe (p. 54), souligne la phrase qui a le même sens que la phrase en bleu.**

Paragraphe 1 : Finalement, il se comporte comme n'importe quel élève.
Paragraphe 2 : Ils l'apprécient énormément.
Paragraphe 3 : C'est faux, proteste une fois encore l'animal.
Paragraphe 4 : Ils sont désolés d'avoir chagriné leur camarade.

Entoure le nombre de bonnes réponses.
0 à 1   2 à 3   4

★★ **Écris sous chaque résumé le numéro du paragraphe qui convient.**

Malgré quelques difficultés en écriture, le nouvel élève se débrouille très bien et ses camarades l'apprécient beaucoup.
    Résumé du paragraphe n° …

Le dromadaire n'aime pas le comportement de ses camarades. Il se met en colère. Les élèves sont désolés et, depuis, ils veillent à ne plus lui faire de peine.
    Résumé du paragraphe n° …

Le dromadaire qui voulait apprendre à lire est aussitôt accepté à l'école par le maître et les enfants, et il devient vite un élève comme les autres.
    Résumé du paragraphe n° …

Le dromadaire n'accepte pas que les enfants comparent leurs camarades à des animaux, surtout lorsqu'il s'agit de leurs défauts, mais ses remarques font rire la classe.
    Résumé du paragraphe n° …

Entoure le nombre de bonnes réponses.
0 à 1   2 à 3   4

↪ *Reporte tes résultats dans la grille de suivi.*

BIEN LIRE LES HISTOIRES

Objectif 1 : Je repère les informations principales d'une histoire.

34 Tout dépend du titre

★ **Entoure le mot en bleu qui peut compléter le texte. Attention au titre !**

La vente du vélo rouge de Toufik.

Toufik a décidé de vendre / d'acheter sa voiture / bicyclette. Il a donc mis une annonce sur Internet : « À donner / vendre vélo de couleur rose / rouge, prix intéressant ». Il espère trouver rapidement un vendeur / acheteur car avec l'argent de la vente / l'achat il a prévu de s'offrir un skate !

Entoure le nombre de bonnes réponses. 0 à 2   3 à 4   5 à 6

**Suite à la tempête, circulation bloquée samedi matin
par la chute d'un arbre sur la route.**

La violente tempête / circulation de dimanche / samedi a entraîné de nombreux dégâts. La circulation / réparation des arbres / voitures a dû être interrompue toute la matinée / soirée car un poteau / platane était tombé sur la rue / route !

Entoure le nombre de bonnes réponses. 0 à 2   3 à 4   5 à 7

★★ **Même exercice.**

**Course de luge pour enfants, mercredi de 13 à 17 heures,
suivie d'un goûter à la mairie, 1er étage, salle B.**

Tous les adultes / enfants peuvent participer à la compétition de goûter / luge qui aura lieu mercredi matin / après-midi. Après / Avant la course ils sont invités à se rendre au premier étage / goûter de la mairie où un goûter sera servi, dans la mairie / salle B.

Entoure le nombre de bonnes réponses. 0 à 2   3 à 4   5 à 6

**Découverte par deux enfants d'un chaton coincé
sur la plus haute branche d'un arbre, en pleine forêt.**

Paul et sa sœur se promenaient dans les bois / prés lorsqu'ils entendirent des petits miaulements provenant d'un toit / arbre. Levant / Baissant la tête, ils aperçurent un minuscule chaton perché en bas / haut d'un immeuble / arbre, sur la feuille / branche la plus haute / basse ! Sans hésiter, les deux enfants grimpèrent dans la forêt / l'arbre pour aider le pauvre animal à redescendre / remonter.

Entoure le nombre de bonnes réponses. 0 à 3   4 à 6   7 à 9

BIEN LIRE LES HISTOIRES

Objectif 1 : Je repère les informations principales d'une histoire.

⭐⭐ **Écris le numéro du titre qui convient pour chaque texte.**

Titre n° ☐ Mme Jardino veut s'acheter une tondeuse. Mais voilà, elle hésite entre deux modèles : la tondeuse Kicouptout et la tondeuse Raznet. Elles se ressemblent beaucoup sauf pour le prix : le modèle Kicouptout est très cher alors que la Raznet est plutôt bon marché.
– Laquelle des deux est la plus pratique à utiliser ? demande-t-elle au vendeur.
– Honnêtement, je trouve que la moins chère des deux est aussi la plus pratique.
Alors, sans hésiter, elle choisit la Raznet, ravie de faire une bonne affaire !

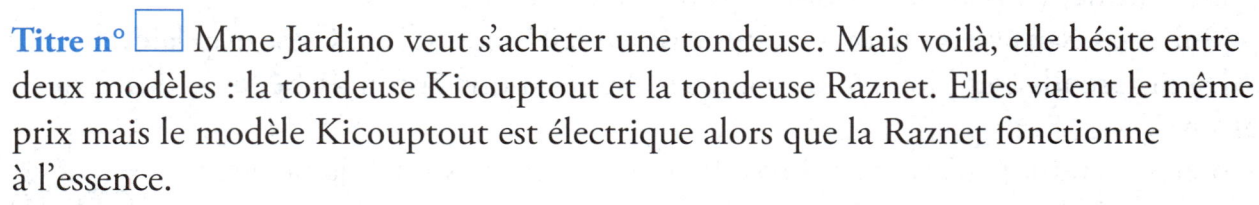

Titre n° ☐ Mme Jardino veut s'acheter une tondeuse. Mais voilà, elle hésite entre deux modèles : la tondeuse Kicouptout et la tondeuse Raznet. Elles valent le même prix mais le modèle Kicouptout est électrique alors que la Raznet fonctionne à l'essence.
– Laquelle des deux est la plus pratique à utiliser ? demande Mme Jardino.
– Honnêtement, je trouve la Kicouptout très pratique et surtout très silencieuse.
Alors, sans hésiter, elle choisit le modèle Kicouptout, car elle est sûre, ainsi, de ne pas déranger ses voisins en tondant sa pelouse !

Titre n° ☐ Mme Jardino voudrait emprunter la tondeuse de son voisin :
– Excusez-moi de vous déranger, demande-t-elle poliment, mais serait-il possible que j'emprunte votre tondeuse cet après-midi ?
– Écoutez, je vous aime bien, répond le voisin d'un ton agacé, mais ma tondeuse m'a coûté cher et elle n'est pas très pratique à utiliser, alors je n'ai pas du tout envie de vous la prêter, car vous risquez de l'abîmer !
Et il lui claque la porte au nez !

Titre n° ☐ Le voisin de Mme Jardino s'est acheté une nouvelle tondeuse. Ravi de son achat, il se met aussitôt à tondre sa pelouse. Hélas, l'engin est énorme, bruyant et sent très mauvais. Mme Jardino, qui avait prévu de lire dans son jardin, finit par abandonner son projet et s'installe à l'intérieur : elle ressortira quand son voisin aura tondu sa pelouse. Après tout, cela n'arrive pas si souvent !

Titre n° 1 : Le voisin tond sa pelouse !
Titre n° 2 : L'achat d'une tondeuse pratique et silencieuse !
Titre n° 3 : Un voisin peu aimable.
Titre n° 4 : L'achat d'une tondeuse pratique et bon marché !

↪ *Reporte tes résultats dans la grille de suivi.*

Entoure le nombre de bonnes réponses. 😞 😐 😊
0 à 1   2 à 3   4

Objectif 1 : Je repère les informations principales d'une histoire.

35 Chaque détail a son importance

Un homme distrait

M. Courteboule entre dans le magasin de M. Courtejambe.
– Bien le bonjour, cher monsieur, dit M. Courteboule.
– Bonjour monsieur, vous désirez ? demande poliment le vendeur.
– Et bien voilà, j'ai cassé mes lunettes. De bonnes vieilles lunettes que j'avais depuis 50 ans. De vraies lunettes sans branches, comme on en faisait autrefois.
– Je crois deviner, monsieur : vous cherchez à remplacer vos anciens lorgnons.
– C'est ça, mais je veux surtout des lunettes pas trop chères.
– En somme, vous voudriez des lorgnons bon marché.
– Oui. Mais sans verres teintés, comme on en fait aujourd'hui. C'est trop laid.
– Je comprends très bien : vous voudriez des lorgnons bon marché, avec des verres ordinaires.
– Bien entendu, je n'accepterai pas de monture en plastique, je ne veux pas ressembler à un clown !
– Parfait, parfait ! En définitive, vous voulez des lorgnons bon marché avec des verres ordinaires et une fine monture métallique.
– C'est ça même ! Il me faudra aussi un boîtier solide pour les ranger.
– Je résume : vous cherchez des lorgnons bon marché, avec des verres ordinaires, une monture métallique et un étui rigide.
– Vous m'avez très bien compris, monsieur. Montrez-moi, s'il vous plaît, ce que vous avez dans le genre.
– Ah ! Mais cher monsieur, c'est que vous êtes ici dans un magasin de chaussures.
– Oh ! Excusez-moi, vous savez, sans lunettes… Pensez-vous, alors, que dans le magasin d'à côté je pourrais trouver ce que je veux ?
– Demandez toujours. C'est une excellente poissonnerie !

G. Rémond (pastiche d'A. Allais)

★ **Relie chaque question à la réponse qui convient.**

- M. Courtejambe
Comment s'appelle le client ?
- des lunettes
Quel est le nom du vendeur ?
- M. Tourneboule
Que vend-il ?
- du poisson
Que veut acheter le client ?
- M. Courteboule
- des chaussures

Entoure le nombre de bonnes réponses.

0 à 1   2 à 3   4

Objectif 1 : Je repère les informations principales d'une histoire.

★★ **Entoure les groupes de mots qui conviennent.**

M. Courteboule a perdu / cassé ses lunettes. Elles n'avaient pas de branches / verres et il les possédait à l'âge de 50 ans / depuis 50 ans. Il veut réparer / remplacer ses anciennes lunettes mais, hélas il se trompe de marchandise / magasin !

Entoure le nombre de bonnes réponses. 0 à 1   2 à 3   4 à 5

★★ **Coche la bonne explication.**

◆ M. Courteboule ne veut pas de monture en plastique car :
☐ il n'aime pas le plastique.
☐ il n'aime pas les clowns.
☐ il ne veut pas ressembler à un clown.

◆ M. Courtejambe ne peut pas vendre de lunettes à M. Courteboule car :
☐ il n'en a plus.
☐ il n'en vend pas.
☐ il ne vend pas le modèle de lunettes qu'il veut.

◆ M. Courteboule s'est trompé de magasin car :
☐ il aime faire des farces.
☐ il ne voit pas bien.
☐ il est désolé.

Entoure le nombre de bonnes réponses. 0   1 à 2   3

★★ **Entoure toutes les réponses possibles.**

◆ M. Courteboule veut des lunettes chères – vieilles – laides – bon marché – ordinaires.

◆ M. Courteboule veut des lunettes avec des branches – des verres teintés – des verres ordinaires – une monture en plastique – une monture métallique.

◆ M. Courteboule veut des lunettes qui ressemblent à ses anciennes lunettes – à des lunettes de clown – à des lorgnons – aux lunettes qu'il a cassées – aux lunettes de M. Courtejambe.

◆ M. Courteboule est un homme – un vieux monsieur – un client – un clown – quelqu'un qui a une mauvaise vue.

Entoure le nombre de bonnes réponses. 0 à 3   4 à 6   7 à 10

↪ *Reporte tes résultats dans la grille de suivi.*

BIEN LIRE LES HISTOIRES

Objectif 2 : Je comprends le sens d'une histoire.

36 Un peu d'ordre

★ **Coche la phrase en bleu qui permet de compléter l'histoire.**

Florent monte à l'échelle pour cueillir des pommes. Arrivé en haut, il tend la main pour attraper une grosse pomme suspendue à une branche du pommier.

....

Florent tombe et se retrouve par terre, un peu étourdi. Très vite, il se relève et rentre chez lui. Cueillir des fruits, c'est trop dangereux !
☐ Mais soudain, crac ! le barreau de l'échelle se casse !
☐ Mais soudain, boum ! Florent tombe de l'échelle !
☐ Mais soudain, la tige de la pomme se casse.

Entoure le nombre de bonnes réponses. 0 1

★★ **Même exercice.**

La construction mystérieuse

..... | Près de l'école, caché par de hautes palissades, un bâtiment est en construction. Les élèves se demandent si c'est un parking ou bien un cinéma.

..... | Intrigués, ils interrogent leur maître qui leur répond qu'il n'en sait rien.

....

..... | Au mois de juin, le bâtiment est enfin terminé. Les palissades sont retirées et les élèves découvrent qu'il s'agit d'un gymnase, celui de l'école !
Voilà pourquoi le maître faisait tant de mystères : il voulait leur faire une surprise !

.....

☐ Mais les élèves voudraient bien interroger leur maître.
☐ Mais les élèves voient bien qu'il leur cache quelque chose.
☐ Mais le maître ne veut rien dire.

Entoure le nombre de bonnes réponses. 0 1

★★ **Relis *La construction mystérieuse* puis écris au bon endroit dans la marge le numéro des deux paragraphes manquants de l'histoire.**

Paragraphe n° 1 : Puisque le maître ne veut rien dire, ils mènent leur enquête auprès de leurs parents. Mais personne ne semble être au courant !

Paragraphe n° 2 : Chacun espère que ce ne sera ni une prison ni un hôpital. Les deux seraient trop tristes à contempler depuis les fenêtres de la classe !

Entoure le nombre de bonnes réponses. 0 1 2

↪ *Reporte tes résultats dans la grille de suivi.*

Objectif 2 : Je comprends le sens d'une histoire.

37 Des histoires sans queue ni tête

★ **Lis le début de l'histoire en bleu puis coche la fin qui convient.**

Il était une fois une fille qui avait un curieux pouvoir : dès qu'elle regardait quelqu'un pendant plus d'une minute, ses yeux se mettaient à lancer des éclairs paralysants transformant aussitôt la personne en une statue de pierre. C'est pourquoi elle…

☐ … ne paralysait jamais personne droit dans les yeux, de peur de lui lancer des pierres.
☐ … ne lançait jamais d'éclairs dans les yeux de personne de peur d'être paralysée.
☐ … ne regardait jamais quelqu'un droit dans les yeux, de peur de le transformer en statue.

Entoure le nombre de bonnes réponses.   0   1

★★ **Lis la fin de l'histoire en bleu puis coche le début qui convient.**

☐ Zia s'était fâchée avec son amie. Hélas, depuis leur dispute, son amie s'ennuyait. Alors elle décida de lui téléphoner pour se réconcilier. Leur conversation fut rapide : Zia ne voulait plus jamais lui adresser la parole !
☐ Zia s'était fâchée avec son amie, Gaëlle. Seulement voilà, depuis leur dispute, Zia s'ennuyait. Alors elle décida de se réconcilier avec elle. Mais comment faire ? Lui téléphoner ? Lui écrire ? Elle décida plutôt d'aller la voir.
☐ Zia s'était fâchée avec Gaëlle. Afin de l'ennuyer, elle alla sonner à sa porte.

Elle allait sortir pour se rendre chez Gaëlle quand la sonnette de la porte d'entrée retentit. Et quelle ne fut pas la surprise de Zia en découvrant son amie Gaëlle ! Elle aussi s'ennuyait depuis leur dispute et était venue pour se réconcilier !

Entoure le nombre de bonnes réponses.   0   1

★★★ **Complète l'histoire avec les mots en bleu. Attention aux intrus !**

la course – de l'arrivée – perdu – du départ – queue – tête – le loup – gagné

Un loup veut faire la course avec un escargot. Il est sûr de gagner : il est plus rapide que lui ! Mais l'escargot est le plus malin des deux : discrètement, au moment où le loup prend son élan, il grimpe sur sa queue et part en courant avec lui ! Le loup ne s'est rendu compte de rien : il est bien trop occupé à courir le plus vite possible et l'escargot est si léger qu'il ne le sent même pas peser sur sa queue !
Une fois proche ……………………, l'escargot remonte de la ………… où il s'était installé jusqu'au museau et il n'a plus qu'à se laisser tomber devant ……………, sur la ligne d'arrivée. L'escargot a ………… : il est arrivé premier à ……………… !

Entoure le nombre de bonnes réponses.   0 à 1   2 à 3   4 à 5

↪ *Reporte tes résultats dans la grille de suivi.*

BIEN LIRE LES HISTOIRES

Objectif 2 : Je comprends le sens d'une histoire.

38 C'est compris ?

La femme à barbe

Ce jeudi-là, quand je suis arrivé à l'école, elles étaient deux à discuter près de la porte des cabinets. La maîtresse des petits et une autre femme que je voyais de dos. J'ai cru reconnaître la mère de Mélanie : les mêmes cheveux longs noirs, le même grand pull un peu terne. Et le même jean usé aux fesses.
Comme elle bouchait le passage, je me suis avancé et j'ai dit :
– Pardon, madame.
Oh là là !... La *femme* s'est retournée et j'ai vu sa barbe !
– Kévin, je te présente Hervé Mâche, votre remplaçant. Ta maîtresse sera absente pendant quelques jours.
La maîtresse des petits semblait beaucoup s'amuser de mon erreur. Moi, j'étais tellement mort de honte que j'en ai oublié de passer aux toilettes. Vite fait, j'ai rejoint mon amie Johanna devant la porte de la classe.
– Salut, Kévin.
– Salut.
J'aime bien Johanna mais là, je ne pouvais prononcer un mot de plus.
Le remplaçant nous a fait entrer puis il s'est installé au bureau de la maîtresse. Pas en s'asseyant derrière, non. Dessus !
Avec sa barbe et ses cheveux noués qui tombaient jusqu'aux fesses, ça faisait vraiment beaucoup de poils. Un vrai orang-outan.

Extrait de *Le maître des cavernes*, Rose-Claire Labalestra, série Mystère © Nathan poche, 2005.

★ **Lis le texte puis coche les bonnes réponses.**

◆ Au début de l'histoire, Kévin veut aller aux toilettes mais, finalement, il oublie d'y aller. ☐ vrai ☐ faux

◆ Comme le remplaçant, la mère de Mélanie porte une barbe. ☐ vrai ☐ faux

◆ Kévin a confondu le maître avec la mère de Mélanie parce que, de dos, ils se ressemblent. ☐ vrai ☐ faux

◆ La maîtresse des petits parle avec une femme au début de l'histoire. ☐ vrai ☐ faux

◆ C'est Kévin qui raconte cette histoire. ☐ vrai ☐ faux

Entoure le nombre de bonnes réponses.
0 à 1   2 à 3   4 à 5

Objectif 2 : Je comprends le sens d'une histoire.

★★ **Coche la ou les bonnes réponses en t'aidant du texte.**

– Je parle avec le remplaçant près de la porte des cabinets.
Je suis ☐ la maîtresse des petits. ☐ la mère de Mélanie.

– Je bouche le passage pour aller aux toilettes.
Je suis ☐ la maîtresse des petits. ☐ le remplaçant.

– Je porte un jean usé et un grand pull terne, j'ai les cheveux longs et noirs.
Je suis ☐ la mère de Mélanie. ☐ le remplaçant.

– Je suis absente et c'est Hervé Mâche qui me remplace.
Je suis ☐ la maîtresse des petits. ☐ la maîtresse de Kévin.

– Kévin trouve que je ressemble à un orang-outan.
Je suis ☐ le remplaçant. ☐ Hervé Mâche.

Entoure le nombre de bonnes réponses.   0 à 2   3 à 4   5 à 7

★★ **Lis la phrase en bleu puis coche la ou les bonnes explications.**

« La *femme* s'est retournée et j'ai vu sa barbe. »
La *femme* est :
☐ la mère de Mélanie, qui est barbue.
☐ le remplaçant qui, de dos, ressemble à une femme.
☐ le maître.

« La maîtresse des petits semblait beaucoup s'amuser de mon erreur. »
Ce qui amuse la maîtresse c'est que :
☐ Kévin a oublié de passer aux toilettes.
☐ Kévin a vu une femme avec une barbe.
☐ Kévin a pris le maître pour une femme.

« J'aime bien Johanna, mais là, je ne pouvais prononcer un mot de plus. »
Kévin ne peut pas parler à Johanna parce qu'il a :
☐ trop peur. ☐ trop honte. ☐ trop envie d'aller aux toilettes.

Entoure le nombre de bonnes réponses.   0 à 1   2 à 3   4

↪ *Reporte tes résultats dans la grille de suivi.*

BIEN LIRE LES HISTOIRES

Objectif 2 : Je comprends le sens d'une histoire

39 Questions de paragraphes

La marchande de rêves

1. Dans la salle de classe, on entendrait une mouche voler. La maîtresse désigne Émilie de son doigt menaçant :
– Où est ton devoir, Émilie ? Tout le monde me l'a donné, sauf toi !
Émilie a beau fouiller dans son cartable, elle ne retrouve pas son devoir.
– Je ne comprends pas, madame, pleurniche-t-elle, il n'est plus là. Mais je vous assure que je l'avais mis dans mon cartable, hier soir.
– Ce n'est pas vrai, hurle la maîtresse. Tu ne l'as pas fait. Tu n'es qu'une paresseuse. Pour ta punition, tu mangeras dix vers de terre et deux choucroutes moisies !
Puis elle s'approche d'Émilie et commence à la secouer violemment. Émilie est stupéfaite : est-ce normal qu'elle ne sente rien ? Elle se réveille en sursaut. Ouf ! Ce n'était qu'un rêve !

2. Mais Émilie est quand même prise d'un doute. Elle saute au bas de son lit, se précipite vers son cartable, l'ouvre, regarde à l'intérieur. Sauvée ! Le devoir est bien là ! Émilie se recouche, un peu inquiète. Est-ce qu'elle va enfin pouvoir finir sa nuit tranquillement ? Hier, elle a rêvé qu'elle se faisait manger par le pain au chocolat de son goûter. Avant-hier, c'était son stylo-plume qui lui envoyait de l'encre à la figure juste au moment de faire la photo de classe. Émilie en a vraiment assez de voir ses nuits gâchées par des cauchemars idiots. *(à suivre…)*

★ **Lis *La marchande de rêves* (1 et 2) puis coche la bonne réponse.**

◆ Le paragraphe ☐ 1 ☐ 2 décrit le rêve d'Émilie.

◆ Le paragraphe ☐ 1 ☐ 2 explique pourquoi elle est inquiète.

◆ À la fin du paragraphe ☐ 1 ☐ 2 Émilie comprend qu'elle a rêvé.

◆ Dans le paragraphe ☐ 1 ☐ 2 Émilie se souvient d'autres rêves qu'elle a faits.

◆ Le paragraphe ☐ 1 ☐ 2 se passe en rêve dans la classe et en réalité dans la chambre d'Émilie.

Entoure le nombre de bonnes réponses.
0 à 1   2 à 3   4 à 5

Objectif 2 : Je comprends le sens d'une histoire.

La marchande de rêves (suite)

Les nuits d'Émilie sont gâchées par des cauchemars idiots…

3. Le lendemain, elle en parle à Bettina, sa copine de classe.
– Pourquoi n'irais-tu pas chez la marchande de rêves ? propose Bettina. […] Il y a une boutique qui vient de s'ouvrir dans la vieille ville, au fond d'une impasse. Une dame y vend du rêve au kilo.
Émilie décide d'aller chez cette curieuse marchande, aujourd'hui même, après la classe.

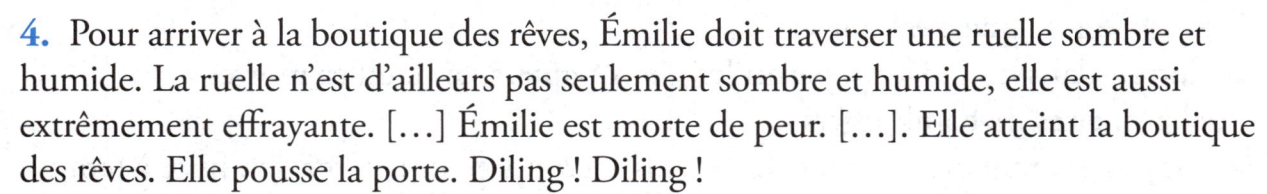

4. Pour arriver à la boutique des rêves, Émilie doit traverser une ruelle sombre et humide. La ruelle n'est d'ailleurs pas seulement sombre et humide, elle est aussi extrêmement effrayante. […] Émilie est morte de peur. […]. Elle atteint la boutique des rêves. Elle pousse la porte. Diling ! Diling !
– Que puis-je pour ton service ? demande une vieille femme vêtue d'une cape noire. Ses yeux se posent sur Émilie comme s'ils la transperçaient. Les ongles de ses mains ressemblent à des griffes. Émilie n'est pas rassurée. Mais cette femme est son dernier espoir pour se débarrasser de ses mauvais rêves. Alors elle se lance. Elle lui raconte tout : ses cauchemars, les punitions idiotes, les pains au chocolat gloutons et les stylos dégoulinants.
– J'ai exactement ce qu'il te faut, répond la marchande.
Elle saisit sur une étagère un sac en toile de jute sur lequel est inscrit « Faites de beaux rêves n° 36 » et elle le tend à Émilie, en disant :
– Grâce à cela, à présent, tes nuits seront sans cauchemar !

Elsa Devernois, *La boutique des rêves*, Demi-lune © Nathan, 1999.

★★ Lis *La marchande de rêves* (3 et 4) puis entoure les bons mots.

• Les paragraphes 3 et 4 se passent le même jour / soir et à deux moments différents de la journée / semaine.

• Dans le paragraphe 3, Émilie demande conseil à un enfant / adulte et, dans le paragraphe 4, elle rencontre quelqu'un qu'elle connaît / ne connaît pas.

Entoure le nombre de bonnes réponses.   0 à 1   2 à 3   4

★★ Relis *La marchande de rêves* (1 à 4) puis coche les bonnes cases.

Paragraphe n°	1	2	3	4
Description de la marchande de rêves.				
Discussion entre Émilie et son amie.				
Nuit avant la visite chez la marchande de rêves.				
Jour de la visite chez la marchande de rêves.				

↪ *Reporte tes résultats dans la grille de suivi.*

Entoure le nombre de bonnes réponses.   0 à 2   3 à 4   5 à 6

BIEN LIRE LES HISTOIRES

Objectif 2 : Je comprends le sens d'une histoire.

40 Quand et où ?

Corentin trouve une fée ! (1)

Je suis tombé dessus comme ça, par hasard, un soir, en rentrant de l'école. Il faisait un temps de chien. Un temps à ne pas mettre un écolier dehors. Je courais vers chez moi, la tête dans les épaules, la capuche rabattue sur les yeux quand soudain…
« Oh ! Qu'est-ce que c'est que ça ? »
Elle flottait dans le caniveau, parmi les vieux papiers, les feuilles mortes et les barquettes de hamburgers.
J'ai stoppé net et, malgré la pluie, je me suis accroupi pour la ramasser. Juste à temps : une seconde de plus et l'égout l'avalait.
Au début, je l'ai prise pour une figurine. Puis elle a bougé. Alors, j'ai compris qu'elle était vivante. Ça m'a donné un choc.
Mettez-vous à ma place : ramasser une fée dans un caniveau, ce n'est pas très courant.
Surtout aussi jolie ! […] Je me suis dit :
« Je la nettoierai à la maison »
et je l'ai fourrée dans ma poche.
Puis je suis reparti, du plus vite que je pouvais.
(à suivre…)

★ **Lis *Corentin trouve une fée* (1) puis coche les bonnes réponses.**

- Corentin trouve la fée en allant à l'école.   ☐ vrai   ☐ faux
- Il courait quand il a vu la fée.   ☐ vrai   ☐ faux
- Il attrape la fée juste avant qu'elle ne tombe dans l'égout.   ☐ vrai   ☐ faux
- Il s'est accroupi après avoir ramassé la fée.   ☐ vrai   ☐ faux
- Il la met dans sa poche avant de la nettoyer.   ☐ vrai   ☐ faux
- Il rentre vite chez lui avant de la mettre dans sa poche.   ☐ vrai   ☐ faux

Entoure le nombre de bonnes réponses.
0 à 2   3 à 4   5 à 6

Objectif 2 : Je comprends le sens d'une histoire.

Corentin trouve une fée ! (2)

Corentin a trouvé une fée dans le caniveau. Il rentre vite chez lui, impatient d'observer sa « trouvaille » !

Je n'ai même pas pris le temps de goûter, pourtant y avait de la confiture de groseilles (ma préférée !). J'ai filé dare-dare dans ma chambre, et j'ai posé ma trouvaille sur mon lit. Là, je l'ai examinée de la tête aux pieds. J'ai même allumé ma lampe de chevet, pour mieux la voir.
Le séjour dans ma poche l'avait réchauffée. […] D'un geste très gracieux, elle a lissé ses ailes. Puis elle s'est envolée et a virevolté devant mon nez. J'étais ébloui.
« Comme tu es belle ! » je répétais, bouche bée.
Ça lui a plu : les fées apprécient les compliments. Elle a fait un looping, s'est posée sur ma main, et m'a souri. C'est comme ça qu'on est devenus copains. […]
Le lendemain matin, j'ai emmené ma fée à l'école. Au début, elle se tenait bien tranquille dans ma poche, mais au bout d'un moment, elle en a eu marre. Elle avait trop envie de se dérouiller les ailes. Alors, elle est sortie. Et c'est là que les ennuis ont commencé. *(à suivre…)*

★★ **Lis *Corentin trouve une fée !* (2) puis numérote les phrases dans l'ordre de l'histoire.**

- ☐ Il fait un compliment à la fée.
- ☐ Il pose la fée sur son lit.
- ☐ [1] Corentin se précipite dans sa chambre.
- ☐ La fée lisse ses ailes puis s'envole.
- ☐ La fée se pose sur sa main et lui sourit.
- ☐ Il examine attentivement la fée.

Entoure le nombre de bonnes réponses. 0 à 1 — 2 à 3 — 4 à 5

★★ **Relis *Corentin trouve une fée !* (1 et 2) puis complète les phrases avec les mots qui conviennent. Attention aux intrus !**

caniveau – chemin – main – chambre – poche – lit – dehors – nez – classe

Corentin trouve sa fée sur le .... de l'école. Il la met dans sa .... pour rentrer. Puis il la pose sur son .... pour l'observer. Dans la ...., la fée vole devant son .... puis se pose sur sa .... Dans la ...., il la range dans sa poche mais elle n'y reste pas.

Entoure le nombre de bonnes réponses. 0 à 2 — 3 à 4 — 5 à 7

↪ *Reporte tes résultats dans la grille de suivi.*

BIEN LIRE LES HISTOIRES

Objectif 2 : Je comprends le sens d'une histoire.

41 Autrement dit

Corentin trouve une fée ! (3)

Corentin apporte à l'école la fée qu'il a trouvée dans un caniveau, la veille. Mais la fée s'envole dans la classe…

1. Cédric, mon voisin de table, l'a aperçue le premier.
« Wah ! », il a crié. Et il a levé le doigt.
« Que veux-tu, Cédric ? a demandé la maîtresse. Si tu as besoin d'aller aux toilettes, je te préviens, c'est non. Tu n'as qu'à attendre la récréation ! »
« C'est pas ça, maîtresse ! Regardez, y a un truc qui vole ! »

2. Trente têtes se sont levées, et illico, on a eu droit à un méga chahut. Toute la classe criait, se bousculait, grimpait sur les tables pour essayer d'attraper ma fée.

3. Il a fallu que la maîtresse nous menace d'une punition générale pour que le calme revienne.
« Qui a apporté cette chose ici ? » a-t-elle demandé d'un ton sévère.

4. Tout penaud, j'ai avoué que c'était moi.
« Confisqué ! » a dit la maîtresse.
(à suivre…)

★ **Lis *Corentin trouve une fée !* (3) puis écris à côté de chaque phrase en bleu le numéro du paragraphe qu'elle résume.**

☐ Tous les élèves ont regardé en l'air et aussitôt il y a eu une énorme agitation dans la classe.

☐ L'élève assis à côté de moi en classe l'a vue en premier, il a levé la main mais la maîtresse n'a pas compris pourquoi.

☐ Honteusement, j'ai reconnu que je l'avais apportée et elle me l'a prise.

☐ La maîtresse a dû dire qu'elle allait punir tout le monde pour que le chahut s'arrête, avant de demander qui avait apporté la fée.

Entoure le nombre de bonnes réponses.
0 à 1   2 à 3   4

Objectif 2 : Je comprends le sens d'une histoire.

Corentin trouve une fée ! (4)

J'ai doucement appelé ma fée qui, réfugiée dans les moulures du plafond, faisait des grimaces à ses poursuivants. Elle est venue immédiatement. [...]
Je l'ai apportée à la maîtresse en recommandant :
« Attention, ne l'abîmez pas, elle est très fragile !
– Je te la rendrai à quatre heures, à condition que tu sois bien sage, a dit la maîtresse. Mais gare à toi si tu recommences : la prochaine fois, poubelle ! ».
[...] Jusqu'au soir, j'ai été un élève modèle. En apparence, du moins. Parce que, en réalité, je ne suivais pas les cours : je pensais à ma fée. Et de la savoir enfermée dans le tiroir obscur comme une prisonnière au fond d'un cachot, ça me rendait affreusement malheureux. J'ai poussé un sacré soupir de soulagement quand la sonnerie de quatre heures a retenti !

Papy et la fée, Gudule, collection Lampe de poche © Grasset jeunesse, 2002.

⭐⭐ **Lis *Corentin trouve une fée !* (4). Puis souligne dans le texte les phrases qui ont le même sens que les phrases en bleu. Utilise la couleur indiquée.**

– Ma fée est arrivée aussitôt. (en noir)
– Je te préviens, si tu l'apportes une autre fois à l'école, je la jetterai ! (en orange)
– J'avais de la peine en pensant à ma fée emprisonnée dans le tiroir sombre. (en rouge)
– Je me suis senti drôlement soulagé à la fin de la journée de classe ! (en vert)

Entoure le nombre de bonnes réponses. 0 à 1 2 à 3 4

⭐⭐ **Relis *Corentin trouve une fée !* (3 et 4). Puis lis l'histoire racontée par chaque personnage et coche ceux qui l'ont bien racontée.**

☐ Cédric « Un copain avait apporté une fée à l'école. Elle s'est envolée et la maîtresse s'est fâchée car on faisait du chahut. Alors mon copain a appelé sa fée et la maîtresse l'a confisquée ! »

☐ la maîtresse « Un élève a eu la mauvaise idée d'apporter une fée à l'école. Celle-ci s'est envolée, ce qui a provoqué du chahut dans la cour. J'ai dû sortir la chercher et je l'ai confisquée. »

☐ la fée « Mon copain Corentin m'a emportée avec lui, à l'école, cachée dans sa poche. Soudain, j'en ai eu assez, et je me suis envolée. Hélas, un élève m'a vue, ce qui a provoqué du chahut en classe. La maîtresse s'est fâchée et m'a enfermée dans son tiroir. »

Entoure le nombre de bonnes réponses. 0 1 2

👁 *Reporte tes résultats dans la grille de suivi.*

BIEN LIRE LES HISTOIRES

Objectif 2 : Je comprends le sens d'une histoire.

42 La fée en questions

★ **Relis en entier *Corentin trouve une fée !* (pp. 66 à 69).
Puis, sans t'aider du texte, coche les bonnes réponses.**

- Corentin a trouvé une fée qui devient son amie. ☐ vrai ☐ faux
- Il emporte la fée à l'école le jour où il la trouve. ☐ vrai ☐ faux
- Cédric a levé le doigt car il voulait aller aux toilettes. ☐ vrai ☐ faux
- Quand les élèves ont vu la fée, ils ont voulu l'attraper. ☐ vrai ☐ faux
- Corentin est soulagé que sa fée soit dans le tiroir. ☐ vrai ☐ faux

Entoure le nombre de bonnes réponses. 0 à 1   2 à 3   4 à 5

★★ **Sans t'aider du texte, coche les bonnes réponses.**

- La fée de Corentin a des pouvoirs magiques.
  ☐ C'est dit dans l'histoire.   ☐ Ce n'est pas dit dans l'histoire.

- Corentin est si pressé d'observer sa fée qu'il en oublie de faire ses devoirs.
  ☐ C'est dit dans l'histoire.   ☐ Ce n'est pas dit dans l'histoire.

- Les élèves se calment parce que la maîtresse veut les punir.
  ☐ C'est dit dans l'histoire.   ☐ Ce n'est pas dit dans l'histoire.

- Corentin n'est pas attentif en classe car il est inquiet pour sa fée enfermée dans le tiroir.
  ☐ C'est dit dans l'histoire.   ☐ Ce n'est pas dit dans l'histoire.

- La fée a pleuré, au fond du tiroir.
  ☐ C'est dit dans l'histoire.   ☐ Ce n'est pas dit dans l'histoire.

Entoure le nombre de bonnes réponses. 0 à 1   2 à 3   4 à 5

★★ **Sans t'aider du texte, complète les phrases avec les mots en bleu.
Attention, certains mots peuvent être utilisés plusieurs fois.**

sa fée – Corentin – la maîtresse – Cédric

……………………… a dit à ……………… qu'il la trouvait belle.

……………………… a demandé à ……………… ce qu'il voulait car il levait le doigt.

……………………… a expliqué à ……………… que quelque chose volait dans la classe.

……………………… a recommandé à ……………… de faire attention à ……………… car elle est très fragile.

Entoure le nombre de bonnes réponses. 0 à 3   4 à 6   7 à 9

↪ *Reporte tes résultats dans la grille de suivi.*

BIEN LIRE LES HISTOIRES

Bien lire les documents

Objectif 1 — *Je repère des informations dans un document.*

Objectif 2 — *Je comprends et j'utilise les informations d'un document.*

Relie chaque enfant au livre qu'il va emprunter à la bibliothèque.

Objectif 1 : Je repère des informations dans un document.

43 Quel document ?

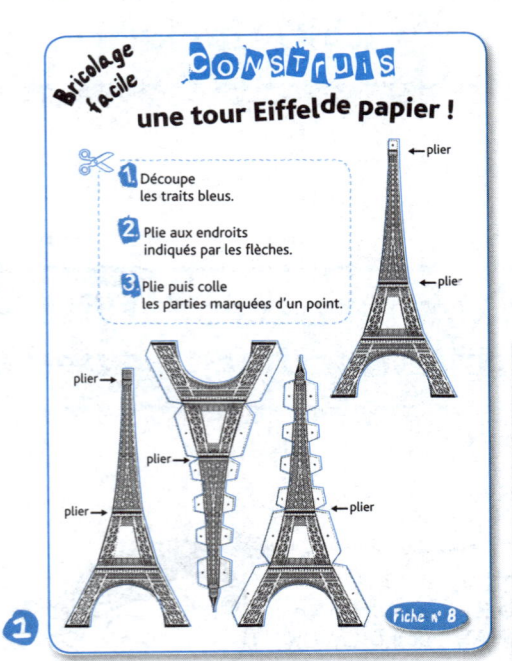

1
Bricolage facile
CONSTRUIS une tour Eiffel de papier !
1. Découpe les traits bleus.
2. Plie aux endroits indiqués par les flèches.
3. Plie puis colle les parties marquées d'un point.
← plier
← plier
plier →
plier →
← plier
Fiche n° 8

2
Entrée tarif enfant
valable le 06 avril 2011   3,50 €
La tour Eiffel
Avenue Gustave Eiffel - 75007 Paris
Ouvert tous les jours de 9h30 à 23h

4
La construction de la tour Eiffel **en 3 étapes**

Les premiers travaux de construction de la tour Eiffel commencent au mois de janvier 1887.
Ils se terminent en mars 1889.
Au total, il aura fallu 2 ans, 2 mois et 5 jours pour construire cette géante de fer !

Mai 1888 : le premier étage est atteint.
Septembre 1888 : le deuxième étage est fini.
Mars 1889 : la tour est enfin terminée !

13

3
LE LIVRE DE LA TOUR EIFFEL
LE MUSÉE EN HERBE & NICOLE CLAVELOUX

5
Infos pratiques
Avenue Gustave Eiffel
75007 Paris
Ouvert tous les jours de 9h30 à 23h.

BIEN LIRE LES DOCUMENTS

Objectif 1 : Je repère des informations dans un document.

★ **Observe les documents puis écris le numéro qui convient.**

◆ Document n° ...... : ticket d'entrée.

◆ Document n° ...... : couverture d'un livre documentaire.

◆ Document n° ...... : page d'un livre documentaire.

◆ Document n° ...... : fiche de bricolage.

◆ Document n° ...... : plan.

Entoure le nombre de bonnes réponses.   0 à 1   2 à 3   4 à 5

★★ **Même exercice.**

◆ Le document n° ...... permet de trouver le chemin pour aller à la tour Eiffel.

◆ Le document n° ...... présente les étapes de construction de la tour Eiffel.

◆ Le document n° ...... permet de construire une tour Eiffel de papier.

◆ Les documents n° ...... et ...... permettent de se documenter sur la tour Eiffel.

◆ Le document n° ...... permet d'entrer dans la tour Eiffel pour la visiter.

Entoure le nombre de bonnes réponses.   0 à 1   2 à 4   5 à 6

★★★ **Coche le nom du ou des documents contenant chaque information.**

	Page du livre documentaire	Plan	Ticket	Fiche de bricolage
La construction de la tour Eiffel a commencé en 1887.				
Un enfant paie 3,50 € pour visiter la tour Eiffel.				
La tour Eiffel se trouve à Paris.				
La tour Eiffel est ouverte tous les jours.				
Pour construire cette tour Eiffel, il faut découper, plier, coller.				
Pour construire la tour Eiffel, il a fallu plus de deux ans.				

Entoure le nombre de bonnes réponses.   0 à 2   3 à 5   6 à 8

↪ *Reporte tes résultats dans la grille de suivi.*

BIEN LIRE LES DOCUMENTS

Objectif 1 : Je repère des informations dans un document.

44 Des documents en morceaux

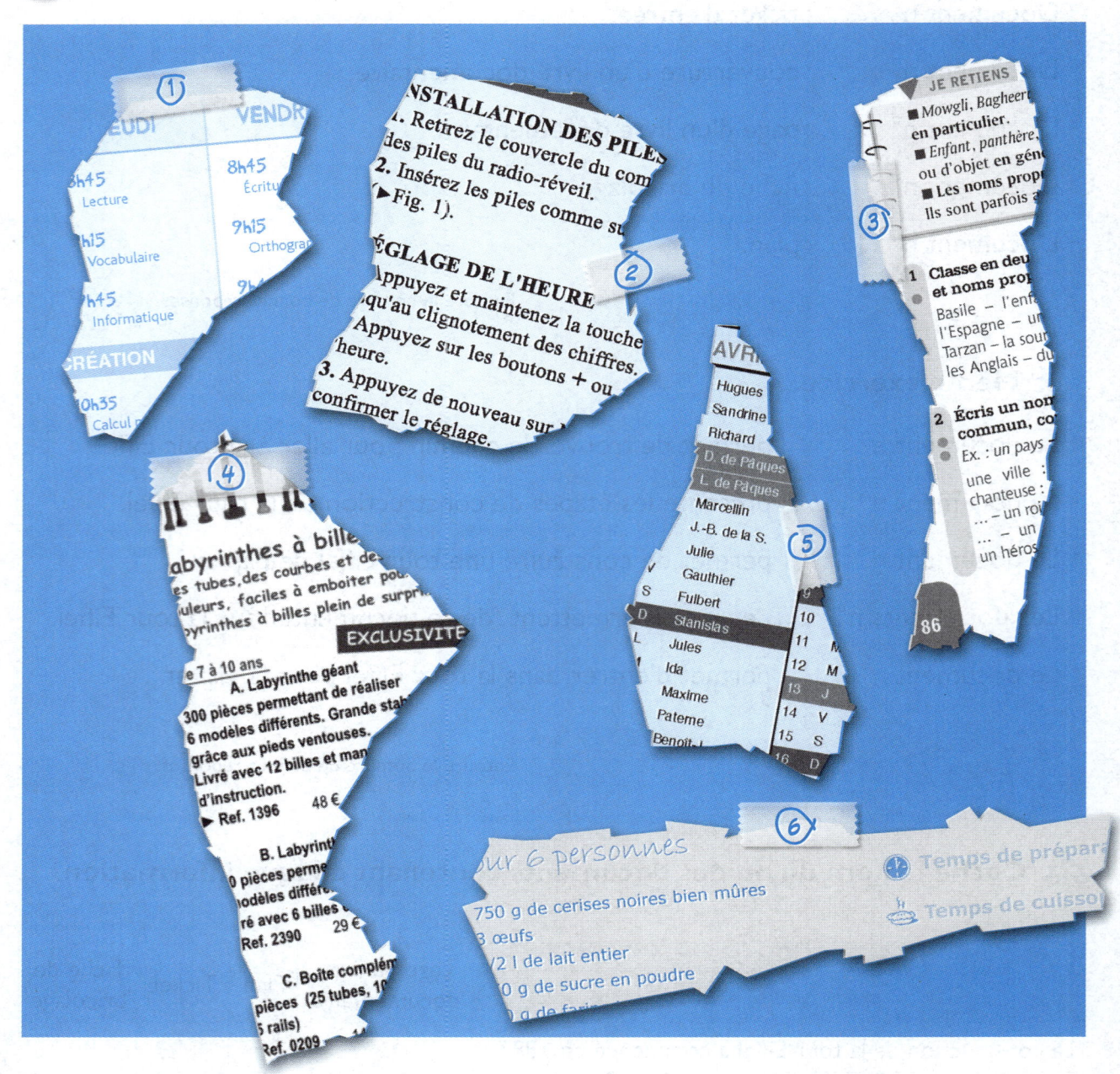

★ **Observe chaque morceau de document puis écris son numéro à l'endroit qui convient.**

n°.... : extrait d'une recette.　　　　n°.... : extrait d'un emploi du temps.

n°.... : extrait d'un catalogue.　　　　n°.... : extrait d'un manuel scolaire.

n°.... : extrait d'un calendrier.　　　　n°.... : extrait d'un mode d'emploi.

Entoure le nombre de bonnes réponses.

0 à 2　3 à 4　5 à 6

BIEN LIRE LES DOCUMENTS

74

> **Objectif 1 : Je repère des informations dans un document.**

★★ **Entoure le mot qui convient pour compléter chaque phrase.**

- Pour connaître le prix du jouet que Solal veut commander pour sa sœur, le mois prochain, il consulte un calendrier / un catalogue.
- Avant d'aller au supermarché, Yanis vérifie dans le mode d'emploi / la recette la quantité de sucre dont il a besoin pour ce gâteau.
- Charly ne sait plus s'il doit apporter ses affaires de sport à l'école aujourd'hui, alors il vérifie dans son emploi du temps / son manuel.
- Farah cherche combien il y a de jours au mois de septembre dans un emploi du temps / un calendrier.
- Pour utiliser correctement le réveil qu'elle vient d'acheter, Morgane consulte le mode d'emploi / le catalogue.

Entoure le nombre de bonnes réponses. 0 à 1 2 à 3 4 à 5

★★ **Lis chaque extrait ci-dessous puis écris le numéro du document auquel il appartient.**

n° 1 : Publicité pour un dentifrice.
n° 2 : Affiche de prévention contre les caries.
n° 3 : Texte documentaire sur un animal.
n° 4 : Article de dictionnaire.
n° 5 : Texte documentaire sur la dentition.

n° ☐ **Des dents redoutables !**
Ses longues canines sont comme d'immenses couteaux qu'elle plante dans le cou de sa proie pour la tuer.

n° ☐ *N'oublie pas : 3 minutes de brossage par jour après chaque repas est le meilleur moyen de faire la chasse aux caries !*

n° ☐ **dent :** *n.f.* Une dent, c'est ce qui est planté dans la mâchoire et qui sert à mordre et à mâcher.

n° ☐ Des dents plus blanches, une haleine plus fraîche pour un sourire éclatant, avec Fraîch'dent !

n° ☐ *À chaque type de dent sa spécialité : les incisives coupent, les canines arrachent, les molaires et les prémolaires broient.*

Entoure le nombre de bonnes réponses. 0 à 1 2 à 3 4 à 5

↪ *Reporte tes résultats dans la grille de suivi.*

BIEN LIRE LES DOCUMENTS

Objectif 1 : Je repère des informations dans un document.

45 — Ne tombe pas dans le panneau !

Apprends à reconnaître les panneaux de signalisation

Lorsqu'on circule à vélo ou à pied, il est important de connaître certains panneaux de signalisation.

4 règles de bonne conduite à vélo :
- Respecter les panneaux et les feux.
- Emprunter les pistes cyclables quand il y en a.
- Rouler à droite sur la chaussée.
- Ne jamais dépasser un véhicule par la droite.

Les panneaux de danger

Les panneaux indiquant un danger ont la forme d'un triangle bordé de rouge.

- virage à gauche
- route glissante
- passage pour piétons
- descente dangereuse

Les panneaux d'interdiction

Les panneaux indiquant une interdiction ont la forme d'un rond rouge ou d'un rond bordé de rouge.

- interdiction de tourner à gauche
- accès interdit aux cyclistes
- accès interdit aux piétons
- sens interdit

Les panneaux d'obligation

Les panneaux indiquant une obligation ont la forme d'un rond avec un fond bleu.

- obligation de tourner à gauche
- piste cyclable *
- fin de piste cyclable
- chemin obligatoire pour les piétons

ATTENTION, DANGER !

- ⚠ Rouler avec un vélo mal équipé (pas de lumière, de freins ou de sonnette).
- ⚠ Faire des acrobaties sur son vélo.
- ⚠ Rouler à vélo en s'agrippant les uns aux autres ou à un véhicule.
- ⚠ Circuler à vélo avec des écouteurs sur les oreilles ou en téléphonant.

* Une **piste cyclable** est une partie de route réservée aux cyclistes.

BIEN LIRE LES DOCUMENTS

Objectif 1 : Je repère des informations dans un document.

★ **Coche la bonne réponse en t'aidant du document.**

Les panneaux d'interdiction sont de forme ☐ ronde ☐ triangulaire.
Les panneaux d'obligation sont de couleur ☐ bleue ☐ rouge.
Sur le panneau d'accès interdit aux piétons, il y a ☐ une ☐ deux personne(s).
Une flèche est dessinée sur le panneau d'interdiction de ☐ circuler ☐ tourner.
Le panneau de ☐ début ☐ fin de piste cyclable est barré d'un trait.
Le document donne ☐ trois ☐ quatre règles de bonne conduite à vélo.

Entoure le nombre de bonnes réponses. 0 à 2 3 à 4 5 à 6

★★ **Observe chaque panneau puis coche la bonne réponse.**

Flora doit rouler prudemment pour ne pas glisser. ☐ oui ☐ non

Lucas est autorisé à faire du vélo. ☐ oui ☐ non

Coline a le choix pour tourner : à gauche ou à droite. ☐ oui ☐ non

Nina peut circuler à vélo sans problème dans cette rue. ☐ oui ☐ non

Camille ne peut pas prendre la première rue à gauche. ☐ oui ☐ non

Entoure le nombre de bonnes réponses. 0 à 1 2 à 3 4 à 5

★★★ **Coche la bonne réponse en t'aidant du document.**

Je le sais par…	le dessin	le texte	le dessin et le texte
Les panneaux de danger sont triangulaires et bordés de rouge.			
Faire des acrobaties à vélo est dangereux.			
Un cycliste doit rouler à droite sur la route.			
Le panneau de chemin obligatoire pour les piétons représente un adulte et un enfant en train de marcher.			
Écouter de la musique en roulant à vélo est dangereux car cela empêche d'entendre ce qui se passe sur la route.			
S'accrocher à une voiture pour aller plus vite à vélo est très dangereux.			

Entoure le nombre de bonnes réponses. 0 à 2 3 à 4 5 à 6

↪ *Reporte tes résultats dans la grille de suivi.*

BIEN LIRE LES DOCUMENTS

Objectif 1 : Je repère des informations dans un document.

46 Tout est dans la recette

Taboulé à l'orange ★

Recette pour 4 personnes

★ Très facile
★★ Facile
★★★ Difficile

- 1 verre de couscous
- 1 tomate
- 10 feuilles de menthe
- 1 demi-verre d'eau chaude
- 1 demi-cuillère à café de sel
- 2 oranges
- 1 citron
- 3 cuillères à soupe d'huile d'olive

1 Verser le couscous dans un saladier. Ajouter l'eau chaude et le sel. Mélanger.

2 Presser l'une des oranges et le citron. Verser le jus sur le couscous. Ajouter l'huile d'olive. Bien mélanger.

3 Éplucher l'autre orange à vif. Laver la tomate. Couper l'orange et la tomate en petits dés. Les mettre dans le saladier.

4 Rincer les feuilles de menthe. Les hacher. Les ajouter dans le saladier. Bien remuer.

5 Placer le saladier au frais pendant deux heures avant de déguster le taboulé !

Tu peux décorer ton plat avec une rondelle d'orange et des feuilles de menthe !

Conseils pratiques

- **Avant de presser une orange**, on peut la rouler sur une table en appuyant dessus pour obtenir plus de jus !

- **Pour obtenir 1 litre de jus**, il faut presser environ 9 oranges.

- **Pour éplucher une orange à vif**, tailler en même temps son écorce et sa peau blanche avec un couteau. Il est plus prudent de demander l'aide d'un adulte !

- **On parfume certains plats avec du zeste d'orange** : c'est une fine pellicule d'écorce d'orange que l'on prélève avec un ustensile spécial (un « zesteur »).

Conseils pour bien manger

- **Consommer les sucreries avec modération.**
Au goûter, mieux vaut éviter de manger des bonbons ou des gâteaux et de boire des boissons sucrées !
De l'eau, des fruits ou une compote te rempliront aussi bien l'estomac !

- **Halte au grignotage !**
Une chips par-ci, un bonbon par-là, c'est agréable de grignoter... mais c'est mauvais pour la santé.
Le plus sûr moyen de ne pas être tenté, c'est de bien manger à table. Un estomac bien rempli ne crie pas famine entre les repas !

Boissons | Desserts | Légumes et plats | Salades et entrées

BIEN LIRE LES DOCUMENTS

Objectif 1 : Je repère des informations dans un document.

★ **Observe le document puis réponds aux consignes.**

♦ Recopie le titre de la recette : ....

♦ Entoure le nom de tous les ingrédients nécessaires pour faire cette recette :
couscous – soupe – gâteau – menthe – citron – bonbon – orange – sel – eau – huile d'olive – chips – tomate – café

♦ Entoure le nombre d'étapes pour réaliser la recette : 2 – 3 – 4 – 5

♦ Entoure le nom de la rubrique qui donne des conseils pour réussir la recette :
Conseils pour bien manger   Conseils pratiques

Entoure le nombre de bonnes réponses.   0 à 4   5 à 7   8 à 11

★★ **Même exercice.**

♦ Entoure en rouge sur le document les informations qui te permettent de savoir si cette recette est difficile à réaliser.

♦ Entoure en vert sur le document l'information qui te permet de savoir si le *Taboulé à l'orange* est un dessert ou une entrée.

♦ Coche la ou les bonnes réponses :
Le ☐ texte   ☐ dessin explique combien il faut d'oranges pour obtenir un litre de jus.
On sait à quoi ressemble un zesteur grâce   ☐ au texte.   ☐ au dessin.
On découvre un bon moyen pour ne plus grignoter dans les :
☐ Conseils pratiques.   ☐ Conseils pour bien manger.

Entoure le nombre de bonnes réponses.   0 à 1   2 à 3   4 à 5

★★★ **À quel endroit du document trouve-t-on la réponse aux questions ? Coche la case qui convient dans le tableau.**

	Liste des ingrédients	Étapes de la recette	Conseils pratiques	Conseils pour bien manger
Combien faut-il d'oranges pour le taboulé ?				
Comment éplucher l'orange à vif ?				
Peut-on manger des bonbons au goûter ?				
Verse-t-on l'eau sur le couscous avant ou après le jus d'orange ?				
Presse-t-on le jus des deux oranges ?				
Peut-on manger le taboulé aussitôt ?				

Entoure le nombre de bonnes réponses.   0 à 2   3 à 4   5 à 6

↪ *Reporte tes résultats dans la grille de suivi.*

BIEN LIRE LES DOCUMENTS

Objectif 1 : Je repère des informations dans un document.

47 La pêche aux informations

À la découverte du fou de Bassan
le plus grand oiseau de mer d'Europe

Carte d'identité
Nom : fou de Bassan
Lieu de vie : mer
Alimentation : poisson
Taille : 1 m
Couleur : blanc, bout des ailes noir

D'où vient son nom ?
Son nom vient de sa façon de plonger brusquement dans la mer. Cela intriguait, autrefois, les pêcheurs de l'Île de Bassan, en Écosse, qui pensaient que cet oiseau était fou ! D'où son nom !

La femelle pond un seul œuf par an. Elle le couve pendant 6 semaines environ.

La leçon de pêche du fou de Bassan en quatre étapes :

1 Le fou de Bassan a repéré un **banc de poissons***. Il replie ses ailes à moitié et accélère.

2 Il rabat soudain ses ailes vers l'arrière avant de plonger **en piqué*** dans l'eau.

3 Il arrive sous l'eau à grande vitesse et attrape un poisson qu'il avale aussitôt.

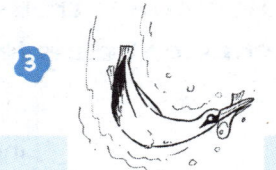

4 Il ressort de l'eau, prêt à redécoller pour pêcher un autre poisson !

Lexique :
* **Banc de poissons** : grande quantité de poissons qui se déplacent ensemble.
* **En piqué** : presqu'à la verticale.

Incroyable mais vrai ! Quand le fou de Bassan tombe **en piqué***, il peut atteindre la vitesse de **100 kilomètres** à l'heure !

BIEN LIRE LES DOCUMENTS

Objectif 1 : Je repère des informations dans un document.

★ **Lis chaque information puis entoure la partie du document où on peut la trouver.**

◆ Le fou de Bassan est le plus grand oiseau de mer d'Europe.
  Titre   Lexique   Carte d'identité   Incroyable mais vrai !

◆ Le fou de Bassan se nourrit de poisson.
  Titre   Lexique   Carte d'identité   D'où vient son nom ?

◆ Le fou de Bassan plonge en piqué dans la mer pour pêcher.
  Lexique   Carte d'identité   La leçon de pêche…

◆ Le fou de Bassan plonge en piqué à 100 kilomètres à l'heure.
  D'où vient son nom ?   Lexique   Incroyable mais vrai !

Entoure le nombre de bonnes réponses.   0 à 1   2 à 3   4

★★ **Barre les questions auxquelles on ne peut pas répondre à l'aide du document.**

◆ Combien de temps peut-il vivre ?
◆ Quelle sorte de poisson mange-t-il ?
◆ Où fait-il son nid ?
◆ À quelle saison la femelle pond-elle son œuf ?
◆ De quelle couleur est-il ?
◆ Pourquoi porte-t-il ce nom ?
◆ À quelle profondeur peut-il plonger ?
◆ Combien mesure-t-il ?

Entoure le nombre de bonnes réponses.   0 à 1   2 à 3   4 à 5

★★★ **Lis ces informations supplémentaires sur le fou de Bassan puis écris dans quelle partie du document on pourrait les ajouter.**

Lexique – Incroyable mais vrai ! – Carte d'identité

◆ Quand le fou de Bassan plonge **en piqué*** dans l'eau, il peut descendre jusqu'à quinze mètres de profondeur, ce qui est beaucoup pour un oiseau !
On peut ajouter cette information dans la partie ....

◆ **Envergure** : c'est la longueur des ailes d'un oiseau quand elles sont déployées.
On peut ajouter cette information dans la partie ....

◆ Envergure : entre 1,65 m et 1,80 m.
On peut ajouter cette information dans la partie ....

◆ Poids : environ 3 kg.
On peut ajouter cette information dans la partie ....

Entoure le nombre de bonnes réponses.   0 à 1   2 à 3   4

↪ *Reporte tes résultats dans la grille de suivi.*

BIEN LIRE LES DOCUMENTS

Objectif 2 : Je comprends et j'utilise les informations d'un document.

48 Les curieux mènent l'enquête

Les Petits Curieux

Enquête auprès d'un chamelier
Ali est chamelier dans le désert du Sahara.
Le magazine **Les Petits Curieux** lui a posé quelques questions.

Y a-t-il plusieurs sortes de chameaux ?
Il y a deux grandes familles de chameaux :
– Les **chameaux à deux bosses** et à longs poils qui vivent dans les régions froides d'Asie.
– Les **chameaux à une bosse**, qu'on appelle aussi des dromadaires, qui vivent surtout en Afrique, et en particulier dans le désert du Sahara.

Combien de temps un chameau peut-il rester sans boire ?
Le chameau est parfaitement adapté à la vie dans le désert. Il peut rester une dizaine de jours sans boire et même sans manger.

Ali et son chameau.

On dit parfois que la bosse d'un chameau est pleine d'eau. Est-ce vrai ?
C'est faux. Les bosses des chameaux ne sont pas des poches d'eau, mais des réserves de graisse.

Est-ce qu'un chameau peut courir ?
Oui, un chameau peut courir très vite. Toutefois, il est moins rapide qu'un cheval, mais il peut trotter beaucoup plus longtemps que lui.

Le chameau d'Asie a de longs poils.

Les chameaux sont-ils utiles ?
Le chameau domestique est un animal très utile :
– avec une selle sur le dos, il transporte des gens ;
– avec un bât (sorte de gros sac), il transporte des marchandises : c'est pratique là où il n'y a pas de camions ou de trains ;
– on peut boire son lait ;
– on peut faire du feu avec son crottin séché ;
– on peut fabriquer du tissu avec sa laine et des sandales ou des selles de cuir avec sa peau.

Le chameau en chiffres

120 C'est le nombre de litres qu'il peut avaler s'il a passé plusieurs jours sans boire.
10 C'est le nombre de minutes qu'il lui faut pour avaler 120 litres d'eau.
16 C'est le nombre d'heures pendant lesquelles il peut trotter sans s'arrêter.
300 C'est le nombre de kilos qu'il peut porter sur son dos.

Le sais-tu ?

Le **chamelier** est un conducteur de chameaux.
La **chamelle** est la femelle du chameau.
Le **chamelon** est le petit du chameau.

« Donne-moi un chameau, une selle et une tente et je serai très heureux. »
Proverbe des hommes du désert

★ **Lis le document puis coche les bonnes réponses.**

◆ Le dromadaire n'a qu'une bosse, le chameau d'Asie en a deux. ☐ vrai ☐ faux

◆ Un chameau peut rester plus d'une semaine sans boire. ☐ vrai ☐ faux

◆ Un chameau court plus vite qu'un cheval. ☐ vrai ☐ faux

◆ Un chameau met 10 minutes pour boire cent vingt litres d'eau. ☐ vrai ☐ faux

◆ Si la bosse d'un chameau est bien gonflée, c'est qu'elle est pleine d'eau. ☐ vrai ☐ faux

◆ Les chameaux à deux bosses et les dromadaires vivent au même endroit. ☐ vrai ☐ faux

Entoure le nombre de bonnes réponses : 0 à 2   3 à 4   5 à 6

BIEN LIRE LES DOCUMENTS

> *Objectif 2 : Je comprends et j'utilise les informations d'un document.*

★★ **Coche les bonnes réponses en t'aidant du document.**

◆ On trouve des dromadaires en Afrique.
   ☐ C'est expliqué   ☐ Ce n'est pas expliqué dans le document.

◆ On peut boire du lait de chamelle.
   ☐ C'est expliqué   ☐ Ce n'est pas expliqué dans le document.

◆ On peut manger de la viande de chameau.
   ☐ C'est expliqué   ☐ Ce n'est pas expliqué dans le document.

◆ Grâce au chameau, on peut s'habiller et se chauffer.
   ☐ C'est expliqué   ☐ Ce n'est pas expliqué dans le document.

Entoure le nombre de bonnes réponses. 0 à 1   2 à 3   4

★★ **Complète cette fiche d'identité avec les mots de la liste qui conviennent. Aide-toi du document.**

Sahara - chamelon - dromadaire - chameau - chamelier - pattes - Asie - bosses - chamelle

Nom : ....

Lieu de vie : ....

Nom de son petit : ....

Nom de sa femelle : ....

Signe particulier : *longs poils.*

Nombre de .... : *2*

Entoure le nombre de bonnes réponses. 0 à 1   2 à 3   4 à 5

BIEN LIRE LES DOCUMENTS

↬ *Reporte tes résultats dans la grille de suivi.*

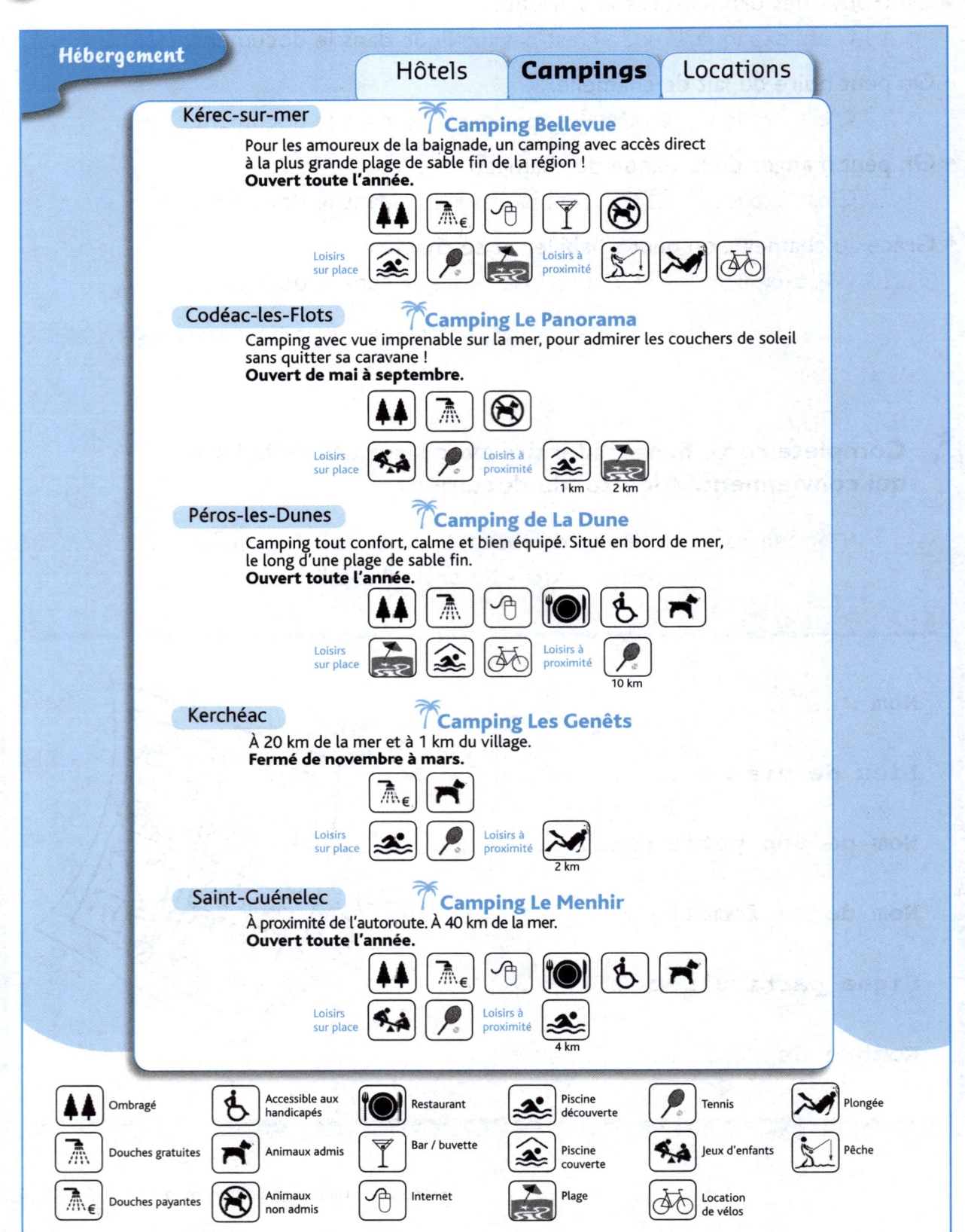

Objectif 2 : Je comprends et j'utilise les informations d'un document.

49 Qui dit vrai ?

Hébergement — Hôtels | **Campings** | Locations

Kérec-sur-mer — Camping Bellevue
Pour les amoureux de la baignade, un camping avec accès direct à la plus grande plage de sable fin de la région !
Ouvert toute l'année.

Codéac-les-Flots — Camping Le Panorama
Camping avec vue imprenable sur la mer, pour admirer les couchers de soleil sans quitter sa caravane !
Ouvert de mai à septembre.

Loisirs à proximité : 1 km, 2 km

Péros-les-Dunes — Camping de La Dune
Camping tout confort, calme et bien équipé. Situé en bord de mer, le long d'une plage de sable fin.
Ouvert toute l'année.

Loisirs à proximité : 10 km

Kerchéac — Camping Les Genêts
À 20 km de la mer et à 1 km du village.
Fermé de novembre à mars.

Loisirs à proximité : 2 km

Saint-Guénelec — Camping Le Menhir
À proximité de l'autoroute. À 40 km de la mer.
Ouvert toute l'année.

Loisirs à proximité : 4 km

Légende :
- Ombragé
- Douches gratuites
- Douches payantes
- Accessible aux handicapés
- Animaux admis
- Animaux non admis
- Restaurant
- Bar / buvette
- Internet
- Piscine découverte
- Piscine couverte
- Plage
- Tennis
- Jeux d'enfants
- Location de vélos
- Plongée
- Pêche

BIEN LIRE LES DOCUMENTS

Objectif 2 : Je comprends et j'utilise les informations d'un document.

★ **Lis ce que dit chaque campeur et coche la case qui convient en t'aidant du document.**

C'est… possible impossible

- Au camping de Péros-les-Dunes, j'ai pu louer un vélo. ☐ ☐
- Je me suis baigné dans la piscine couverte du camping *Bellevue*. ☐ ☐
- À Kerchéac, je pouvais jouer au tennis sans sortir du camping. ☐ ☐
- Je suis allé au camping *Les Genêts* au mois de février. ☐ ☐
- Le dernier jour des vacances, nous avons mangé au restaurant du camping de *La Dune*. ☐ ☐

Entoure le nombre de bonnes réponses. 0 à 1   2 à 3   4 à 5

★★ **Même exercice.**

C'est… possible impossible

- La vue sur la mer est superbe, au camping *Le Menhir* ! ☐ ☐
- J'ai passé une semaine avec mon chien au camping *Le Panorama* ! ☐ ☐
- Quel dommage que le camping de *La Dune* soit si bruyant et éloigné de la mer ! ☐ ☐
- Le restaurant du camping de Saint-Guénelec est bon, mais cher ! ☐ ☐
- Comme mon père est handicapé, nous avons choisi le camping de *La Dune* qui est très facile d'accès avec un fauteuil roulant. ☐ ☐
- J'ai passé des vacances formidables à Kérec-sur-mer car j'ai pu aller à la plage, pêcher, faire de la plongée et j'ai même pu envoyer des mails à mes amis ! ☐ ☐

Entoure le nombre de bonnes réponses. 0 à 2   3 à 4   5 à 6

★★★ **Complète chaque texte avec le nom du camping qui convient. Aide-toi du document.**

Juliette a passé un mois dans le camping .... où elle a pu faire de la plongée et du tennis. Malheureusement, elle a dû y aller sans son chien car les animaux ne sont pas admis dans ce camping.

David a passé des vacances épouvantables dans le camping .... : les douches étaient payantes, il était impossible de se rendre à la plage à pied ou de louer un vélo. Et on ne pouvait pas aller sur Internet pour se changer les idées !

Entoure le nombre de bonnes réponses. 0   1   2

↪ *Reporte tes résultats dans la grille de suivi.*

BIEN LIRE LES DOCUMENTS

85

Objectif 2 : Je comprends et j'utilise les informations d'un document.

50 Questions de lecteurs

Brin d'herbe
Le magazine des passionnés de nature !

La page des lecteurs

Tu as une question à poser ? Tu veux partager ton témoignage avec d'autres lecteurs ?
Tu connais la meilleure histoire drôle ou la devinette la plus amusante ? Alors écris-nous vite car cette page est la tienne, ami lecteur !

MARIE, 9 ANS

Il paraît que les sacs en plastique mettent 100 ans à se détruire dans la nature. Est-ce que c'est vrai ?

C'est malheureusement vrai ! C'est pour cela qu'il ne faut pas les jeter n'importe où ! Tous les déchets mettent un certain temps à disparaître : même un trognon de pomme peut mettre jusqu'à 6 mois pour se détruire dans la nature.

Devinette
Quel est l'animal le plus bricoleur ?
Réponse : le requin-marteau !
Lucile

ADÈLE, 9 ANS

Mon chat adore manger les plantes vertes de mon appartement. Est-ce que je dois l'en empêcher ?

Il ne faut surtout pas laisser ton chat manger n'importe quoi. Certaines plantes décoratives peuvent être très toxiques pour lui !
Pour éviter qu'il ne les mange, achète-lui un pot de cataire, une plante que l'on appelle aussi l'herbe-aux-chats, car elle attire les chats.
Il sera ravi de la renifler et de la mâchonner et ne prendra aucun risque pour sa santé !

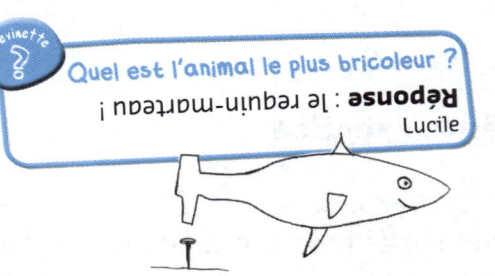

SÉLIM, 9 ANS

Est-il vrai que seules les femelles moustiques peuvent nous piquer ?

La femelle moustique se nourrit de sang : elle en a besoin pour fabriquer ses œufs. Le mâle, lui, se régale du jus des fruits et du nectar des fleurs. Malheureusement, il est impossible de les reconnaître quand ils volent autour de nous ! Alors autant les fuir tous les deux si tu ne veux pas prendre le risque de te faire piquer !

Devinette
Pourquoi les lapins jouent-ils avec 39 cartes au lieu de 52 ?
Réponse : c'est parce qu'ils ont mangé tous les trèfles !
Héloïse

HECTOR, 8 ANS

J'élève un lapin nain. Est-ce que je peux lui donner de l'herbe fraîche à manger ?

En liberté, les lapins mangent de l'herbe (luzerne, trèfle ou pissenlit). Tu peux en donner à ton lapin, mais tu dois aussi lui donner autre chose, pour bien équilibrer son alimentation : il existe des aliments séchés composés de plantes, de graines et de légumes. Les fruits et les légumes frais sont également très nourrissants : mais ne lui en donne pas trop à la fois car il risquerait d'avoir mal au ventre !

BIEN LIRE LES DOCUMENTS

86

Objectif 2 : Je comprends et j'utilise les informations d'un document.

LILY, 8 ANS

Je suis inscrite dans un poney-club depuis l'âge de 4 ans. Mon poney préféré s'appelle Pompon. Plus tard, quand je serai grande, je pourrai monter sur un vrai cheval !
J'encourage tous les enfants de mon âge à pratiquer cette activité car je trouve que c'est génial d'être en contact avec un animal ! De plus, je me suis fait plein d'amis au poney-club dans lequel je vais chaque mercredi après-midi

Merci pour ton témoignage, Lily !

NOUCH, 10 ANS

J'habite dans un appartement et je voudrais avoir un lapin. Est-ce possible ?
Oui, tu peux bien sûr élever un lapin nain dans un appartement...
Mais attention ! Si tu le laisses sortir de sa cage, fais-le dans une pièce où il n'y a pas de fils électriques à son niveau car il risque de les grignoter et de s'électrocuter.

Blague
- J'ai perdu mon chien, se lamente Arthur.
- Fais passer une petite annonce, lui conseille Leslie.
- Ça ne sert à rien !
- Ah bon, pourquoi ?
- Parce que mon chien ne sait pas lire !
    Maxime

PAULINE, 9 ANS

Je viens d'avoir un cochon d'Inde, que faut-il lui donner à manger ?
Le cochon d'Inde n'est pas difficile : donne-lui à manger des légumes (concombre, betterave, pomme de terre, tomate...), des fruits (kiwi, banane, pomme...) ou de l'herbe (trèfle, pissenlit...). L'important est de varier ses menus, c'est-à-dire de ne pas lui donner toujours la même chose à manger. Et surtout, n'oublie pas de le faire boire !

Devinette
Quelles sont les 5 lettres avec lesquelles on peut écrire le nom d'un animal, le nom de sa maison et le nom d'un pays ?
Réponse : c e h i n (chien - niche - Chine)
    Saori

Brin d'herbe

⭐ **Observe les documents, puis réponds aux consignes.**

◆ Coche la ou les bonnes réponses :
Les documents sont des pages de :
☐ documentaire. ☐ catalogue. ☐ magazine. ☐ roman.
Sur les documents, on peut lire :
☐ des courriers de lecteurs. ☐ des recettes. ☐ des devinettes. ☐ des exercices.
Sur les documents, on voit :
☐ une photo. ☐ des dessins. ☐ des cartes géographiques.

◆ Entoure, sur le document (p. 86), le nom du magazine.

Entoure le nombre de bonnes réponses.
0 à 2   3 à 4   5 à 6

BIEN LIRE LES DOCUMENTS

Objectif 2 : Je comprends et j'utilise les informations d'un document.

⭐⭐ **Observe les documents (pp. 86 et 87), puis réponds aux consignes.**

• Entoure le prénom de l'enfant qui pose une question sur les moustiques :
Hector – Adèle – Sélim – Pauline

• Recopie le prénom de l'enfant qui a envoyé une devinette sur le requin-marteau : ....

• Recopie l'âge de l'enfant qui parle de son poney-club : ....

• Recopie le prénom des lecteurs qui posent des questions à propos de l'alimentation de leur animal familier : ....

• Écris le prénom de l'enfant à qui le magazine explique qu'il ne faut pas jeter ses déchets n'importe où : ....

• Entoure le nom des animaux qui mangent du trèfle : moustique – cochon d'Inde – lapin – chat

Entoure le nombre de bonnes réponses. 0 à 3   4 à 6   7 à 9

⭐⭐ **Coche la rubrique dans laquelle on pourrait classer le courrier de chaque lecteur, en t'aidant des documents (pp. 86 et 87).**

	Nouch	Marie	Lily	Héloïse	Pauline	Sélim	Adèle	Maxime
Témoignages de lecteurs								
Questions des lecteurs								
Blagues et devinettes								

Entoure le nombre de bonnes réponses. 0 à 2   3 à 5   6 à 8

⭐⭐ **Complète chaque phrase avec le ou les prénoms qui conviennent, en t'aidant des documents (pp. 86-87).**

• .... a un lapin, ... voudrait avoir un lapin et .... raconte une blague de lapin.

• Grâce au courrier qu'elle a envoyé au magazine, ... a appris qu'il pouvait être dangereux de laisser un lapin grignoter les fils électriques.

• Le magazine a conseillé à .... de donner des légumes, des fruits et de l'herbe à son animal de compagnie et il a déconseillé à .... de laisser le sien manger les plantes de son appartement.

• Le magazine a expliqué à .... que les fruits et les légumes peuvent rendre malade son animal de compagnie s'il en mange trop.

• Le magazine a donné un conseil de sécurité à .... pour son lapin et à .... pour son chat.

Entoure le nombre de bonnes réponses. 0 à 3   4 à 6   7 à 9

↪ *Reporte tes résultats dans la grille de suivi.*

BIEN LIRE LES DOCUMENTS

Objectif 2 : Je comprends et j'utilise les informations d'un document.

51 À chacun ses lectures

Le coin des lecteurs

Ce mois-ci, **Brin d'herbe** te propose une nouvelle sélection de livres.

1 — Coup de cœur
Bien choisir et prendre soin de vos lapins, Éditions Solar.
Comment choisir son lapin, l'élever, le nourrir… Un guide très complet, indispensable pour ceux qui ont un lapin comme animal de compagnie.

2 — La nature en danger, Sean Callery, Éditions Nathan.
Voilà un documentaire qui répondra aux questions de ceux qui veulent protéger la nature : destruction des forêts, pollution de l'eau, recyclage des déchets…

3 — Mon animal préféré, série Suzie la chipie, Barbara Park, Éditions Pocket Jeunesse.
À l'école, chacun peut présenter son animal de compagnie. Comme elle ne peut pas apporter son chien Fripouille, Suzie choisit à la place un étrange animal de compagnie : un bâtonnet de poisson surgelé !

4 — Insectes et autres petites bêtes, Éditions Nathan.
Un documentaire passionnant sur les insectes : fourmis, abeilles et moustiques n'auront plus de secrets pour toi !

5 — Les animaux marins, Nassira Zaïd, Éditions Ushuaïa junior.
Pour s'informer sur les baleines, les dauphins et autres animaux de la mer !

6 — Les poneys, Jackie Budd, Éditions Nathan.
Si tu es passionné de poneys, plonge-toi vite dans ce documentaire qui t'expliquera tout sur ton animal préféré !

7 — Le roi des ogres dévoré par un moustique, Didier Lévy, Éditions Nathan.
Bouba le roi des ogres est attaqué par un moustique qui lui pique le nez… Comment va-t-il faire pour s'en débarrasser ? Tu le sauras en lisant cette histoire pleine d'humour destinée aux jeunes lecteurs à partir de 3 ans.

8 — C'est nul d'être un lapin ! Marie-Sabine Roger, Éditions Nathan.
Carolin a décidé de se transformer en lion car il en a assez d'être un lapin : il veut manger de la viande, crier fort et faire peur à tout le monde ! Carolin le lapin-lion va-t-il trouver le bonheur dans sa nouvelle vie ?

9 — 365 blagues, Tome 3, Fabrice Lelarge, Éditions Hemma.
Les amateurs d'histoires drôles et de devinettes vont adorer ce livre : ils y trouveront 365 occasions de rire, une pour chaque jour de l'année !

10 — Nouveauté ! Doudou premier, Claude Gutman, Éditions Nathan.
Garder le lapin de la classe pendant les vacances, ce n'est pas toujours facile, surtout lorsqu'il fait des crottes sur la moquette de la maison ! Mais quand la fin des vacances arrive et que le lapin a disparu, c'est encore pire !

Brin d'herbe

BIEN LIRE LES DOCUMENTS

89

Objectif 2 : Je comprends et j'utilise les informations d'un document.

★ **Entoure le numéro des livres correspondant à chaque rubrique. Aide-toi du document (p. 89).**

• Documentaires : 1 – 2 – 3 – 4 – 5 – 6 – 7 – 8 – 9 – 10
• Histoires : 1 – 2 – 3 – 4 – 5 – 6 – 7 – 8 – 9 – 10

Entoure le nombre de bonnes réponses.   0 à 3   4 à 6   7 à 9

★★ **Lis chaque question puis écris le ou les numéros des livres (p. 89) qui conviennent.**

• Ma petite sœur de 4 ans adore les histoires d'ogre. Connais-tu un livre qui pourrait lui plaire ?   livre n°............

• J'aimerais avoir un lapin mais je ne sais pas du tout comment il faut s'en occuper. Existe-t-il un livre qui puisse m'aider ?   livre n°............

• Je voudrais devenir apiculteur plus tard et j'aimerais me documenter sur les abeilles. Quel livre me conseilles-tu ?   livre n°............

• J'ai un lapin nain, je fais une collection de lapins en peluche et je ne lis que des histoires de lapins. Quels romans pourrais-tu me conseiller ?   livres n°............

• J'aurais besoin d'un livre pour faire un exposé sur la protection des bois et des forêts. Lequel dois-je choisir ?   livre n°............

Entoure le nombre de bonnes réponses.   0 à 2   3 à 4   5 à 6

★★★ **Relis la question ou le témoignage de chaque enfant (pp. 86 et 87), puis complète la phrase avec le numéro du livre qui convient (p. 89).**

(Lily) On peut lui conseiller le livre n° .... car il lui permettra de se documenter sur son animal préféré.

(Hector) Il aurait pu trouver la réponse à sa question dans le livre n° ....

(Marie) La réponse à sa question est sans doute dans le livre n° ....

(Sélim) Le livre n° .... va lui permettre de compléter la réponse à sa question.

(Héloïse), (Lucile), (Saori) et (Maxime) Ils vont être intéressés par le livre n° .... !

Entoure le nombre de bonnes réponses.   0 à 1   2 à 3   4 à 5

👁 *Reporte tes résultats dans la grille de suivi.*

BIEN LIRE LES DOCUMENTS

90

Objectif 2 : Je comprends et j'utilise les informations d'un document.

52 Record d'informations

Des végétaux incroyables !

Un seul fruit pour toute la famille

Le jaque (fruit du jaquier) est un énorme fruit, à la peau verte, épaisse et rugueuse. Il peut peser jusqu'à 25 kg et pousse directement accroché au tronc de l'arbre.
Sa chair, au goût très parfumé, peut être consommée crue ou en confiture, lorsque le fruit est mûr. On le mange également cuit comme légume dans des plats salés quand il est encore vert.

Un seul jaque peut constituer le dessert de toute une famille, pour plusieurs jours !

Le jaque pousse sur l'île de la Réunion.

Un poison pour se laver ou s'éclairer !

Le ricin est une plante dont les graines contiennent un poison mortel, la ricine. Pourtant, le ricin est utile à l'homme : avec ses graines, on fabrique une huile que l'on utilisait autrefois pour s'éclairer. De nos jours, l'huile de ricin est utilisée dans la fabrication de savons, de médicaments et de produits de beauté.

L'huile de ricin est-elle un poison ? Non, car elle est débarrassée des substances toxiques qui sont dans la graine de ricin.

Le ricin.

Des fleurs géantes

La rafflésie, qui n'a ni feuilles ni tige, est la plus grosse fleur du monde !
De couleur rouge, tachetée de blanc, elle peut peser de 7 à 10 kilos.
C'est une **plante parasite** qui pousse dans la jungle et se nourrit sur les racines d'une liane.
Elle a une autre particularité : elle dégage une horrible odeur de viande pourrie !

L'arum titan peut dépasser 2 m de haut et peser jusqu'à 70 kg. Son odeur de viande pourrie est encore plus épouvantable que celle de la rafflésie !

La fleur de la rafflésie est si large qu'un enfant peut à peine la tenir dans ses bras.

Compare la taille de l'arum titan avec celle d'un enfant.

Des plantes étranges

Le welwitschia est une plante du désert dont les deux longues feuilles épaisses poussent sans arrêt ! Elle peut vivre très longtemps (jusqu'à 2 000 ans !).

Le lithops : cette plante du désert pousse au ras du sol. Elle se compose de deux feuilles si épaisses qu'elles ressemblent à des cailloux.
C'est pourquoi on la surnomme la plante-caillou.

En poussant, les deux feuilles du welwitschia s'entremêlent.

Une plante parasite : qu'est-ce que c'est ?

C'est une plante qui s'agrippe sur une autre plante, transperce ses racines ou sa tige et lui pompe sa sève.
Il existe une plante parasite que l'on trouve partout en France : c'est **le gui**. Installé sur un arbre, il en perfore l'écorce et se nourrit de sa sève.

Le lithops est également surnommé la plante-galet.

BIEN LIRE LES DOCUMENTS

Objectif 2 : Je comprends et j'utilise les informations d'un document.

★ **Barre les informations fausses en t'aidant du document (p. 91).**

- La fleur de l'arum titan sent très bon.
- Les feuilles de la plante-caillou sont très épaisses.
- Le jaquier est un fruit à la peau lisse.
- Le ricin et le lithops sont des plantes parasites.
- Les feuilles du welwitschia ne s'arrêtent jamais de pousser.
- L'huile de ricin est un poison.
- Le gui est une plante parasite que l'on trouve en France.

Entoure le nombre de bonnes réponses. 0 à 1   2 à 3   4

★★ **Entoure le nom qui convient pour compléter chaque phrase.**

- La fleur de la rafflésie / l'arum titan sent plus mauvais que celle de la rafflésie / l'arum titan.
- Le jaque / L'arum titan pèse plus lourd que le jaque / l'arum titan.
- La fleur de la rafflésie / l'arum titan est très large alors que celle de la rafflésie / l'arum titan est très haute.
- Le ricin / Le welwitschia pousse dans le désert, comme le jaquier / le lithops.
- On peut manger la chair du jaque / du ricin et l'on peut faire de l'huile avec la graine du jaque / du ricin.

Entoure le nombre de bonnes réponses. 0 à 3   4 à 7   8 à 10

★★★ **Complète le tableau avec les informations qui conviennent, en t'aidant du document (p. 91).**

Nom	Taille	Poids	Signe particulier	Lieu de vie
Jaque		....	Pousse sur le tronc.	Île de la Réunion
....			N'a que deux feuilles ressemblant à des cailloux.	....
....			N'a que deux longues feuilles poussant sans arrêt.	....
....			Plante parasite.	France
....	2 m	....	Odeur de viande pourrie.	Jungle
....		....	Odeur de viande pourrie.	....

Entoure le nombre de bonnes réponses. 0 à 3   4 à 7   8 à 11

↪ *Reporte tes résultats dans la grille de suivi.*

GRILLE DE SUIVI

↪ *Colorie le visage correspondant au résultat que tu as obtenu.*

		★	★★	★★★
Bien lire les mots	**Objectif 1**			
	1 À quelques lettres près	☺ ☺ ☺	☺ ☺ ☺ ☺ ☺ ☺	☺ ☺ ☺
	2 Les colliers de mots	☺ ☺ ☺	☺ ☺ ☺ ☺ ☺ ☺	☺ ☺ ☺
	3 Les labyrinthes de mots	☺ ☺ ☺	☺ ☺ ☺	☺ ☺ ☺
	4 C'est tout doux	☺ ☺ ☺	☺ ☺ ☺	☺ ☺ ☺
	Objectif 2			
	5 La course aux jumeaux	☺ ☺ ☺	☺ ☺ ☺	☺ ☺ ☺
	6 Des mots en écho	☺ ☺ ☺	☺ ☺ ☺	☺ ☺ ☺
	7 Un mot et son double	☺ ☺ ☺	☺ ☺ ☺	☺ ☺ ☺
	8 Majuscules et minuscules	☺ ☺ ☺	☺ ☺ ☺	☺ ☺ ☺
	9 La pêche aux mots	☺ ☺ ☺	☺ ☺ ☺	☺ ☺ ☺
	Objectif 3			
	10 La chasse aux intrus	☺ ☺ ☺	☺ ☺ ☺	☺ ☺ ☺
	11 Des mots de rechange	☺ ☺ ☺	☺ ☺ ☺	☺ ☺ ☺
	12 Le bon sens en deux mots	☺ ☺ ☺	☺ ☺ ☺	☺ ☺ ☺
	13 Je dis blanc, tu dis noir	☺ ☺ ☺	☺ ☺ ☺	☺ ☺ ☺
	14 Possible ou impossible ?	☺ ☺ ☺	☺ ☺ ☺	☺ ☺ ☺
	15 Le bavard baveux	☺ ☺ ☺	☺ ☺ ☺	☺ ☺ ☺
	16 Tout dépend de la phrase	☺ ☺ ☺	☺ ☺ ☺	☺ ☺ ☺

GRILLE DE SUIVI

↪ *Colorie le visage correspondant au résultat que tu as obtenu.*

		★	★★	★★★
Bien lire les phrases	**Objectif 1**			
	17 Bon ordre et bon sens	☺☺☺	☺☺☺ ☺☺☺	☺☺☺
	18 À un mot près	☺☺☺	☺☺☺	☺☺☺
	19 Le mot à ajouter	☺☺☺	☺☺☺	☺☺☺
	20 La case qui convient	☺☺☺	☺☺☺	☺☺☺
	Objectif 2			
	21 Des phrases à lier	☺☺☺	☺☺☺	☺☺☺
	22 Finale au choix	☺☺☺	☺☺☺	☺☺☺
	23 Même sens ou sens contraire ?	☺☺☺	☺☺☺	☺☺☺
	24 Le juste titre	☺☺☺	☺☺☺	☺☺☺
	25 Une phrase, une image	☺☺☺	☺☺☺	☺☺☺
	26 Les mots pirates	☺☺☺	☺☺☺	☺☺☺
	Objectif 3			
	27 Trouver la consigne	☺☺☺	☺☺☺	☺ ☺
	28 C'est à quel sujet ?	☺☺☺	☺☺☺ ☺☺☺	☺☺☺
	29 Un point, c'est tout !	☺☺☺	☺☺☺	☺☺☺

GRILLE DE SUIVI

↪ *Colorie le visage correspondant au résultat que tu as obtenu.*

	★	★★	★★★
Bien lire les histoires			
Objectif 1			
30 Une histoire, une image	☺ ☺ ☺	☺ ☺ ☺	☺ ☺ ☺
31 Le bon portrait	☺ ☺ ☺	☺ ☺ ☺ / ☺ ☺ ☺	☺ ☺ ☺
32 De qui parle-t-on ?	☺ ☺ ☺	☺ ☺ ☺	☺ ☺ ☺
33 De quoi parle-t-on ?	☺ ☺ ☺	☺ ☺ ☺	☺ ☺ ☺
34 Tout dépend du titre	☺ ☺ ☺	☺ ☺ ☺	☺ ☺ ☺
35 Chaque détail a son importance	☺ ☺ ☺	☺ ☺ ☺ / ☺ ☺ ☺	☺ ☺ ☺
Objectif 2			
36 Un peu d'ordre	☺ ☺	☺ ☺	☺ ☺ ☺
37 Des histoires sans queue ni tête	☺ ☺	☺ ☺	☺ ☺ ☺
38 C'est compris ?	☺ ☺ ☺	☺ ☺ ☺	☺ ☺ ☺
39 Questions de paragraphes	☺ ☺ ☺	☺ ☺ ☺	☺ ☺ ☺
40 Quand et où ?	☺ ☺ ☺	☺ ☺ ☺	☺ ☺ ☺
41 Autrement dit	☺ ☺ ☺	☺ ☺ ☺	☺ ☺ ☺
42 La fée en questions	☺ ☺ ☺	☺ ☺ ☺	☺ ☺ ☺

GRILLE DE SUIVI

↪ *Colorie le visage correspondant au résultat que tu as obtenu.*

		★	★★	★★★
Bien lire les documents	**Objectif 1**			
	43 Quel document ?	☹ 😐 😊	☹ 😐 😊	☹ 😐 😊
	44 Des documents en morceaux	☹ 😐 😊	☹ 😐 😊	☹ 😐 😊
	45 Ne tombe pas dans le panneau !	☹ 😐 😊	☹ 😐 😊	☹ 😐 😊
	46 Tout est dans la recette	☹ 😐 😊	☹ 😐 😊	☹ 😐 😊
	47 La pêche aux informations	☹ 😐 😊	☹ 😐 😊	☹ 😐 😊
	Objectif 2			
	48 Les curieux mènent l'enquête	☹ 😐 😊	☹ 😐 😊	☹ 😐 😊
	49 Qui dit vrai ?	☹ 😐 😊	☹ 😐 😊	☹ 😐 😊
	50 Questions de lecteurs	☹ 😐 😊	☹ 😐 😊	☹ 😐 😊
	51 À chacun ses lectures	☹ 😐 😊	☹ 😐 😊	☹ 😐 😊
	52 Record d'informations	☹ 😐 😊	☹ 😐 😊	☹ 😐 😊

Crédits photographiques : 72 bas d RMN (Musée d'Orsay) / Gérard Blot ; 72 bas g et bm © Musée d'Orsay, Dist.RMN / Alexis Brandt ; 72 ht FOTOLIA / © cynoclub ; 80 FOTOLIA / © Nicolas Larento ; 82 bas ISTOCK / © Catharina van den Dikkenberg ; 82 ht ISTOCK / © Frank Gerritsma ; 82 m ISTOCK / © Klaas Lingbeek-van Kranen

Couverture : Arnaud Lhermitte
Conception graphique : Arnaud Lhermitte, Aude Gertou
Coordination artistique : Léa Verdun, Domitille Pasquesoone
Mise en page : Hekla
Illustrations : François Foyard (pp. 7 à 71, p. 83, p. 85), Samuel Buquet (pp. 76, 78, 80, 86, 87, 91)
Édition : Cécile Quintard
Coordination éditoriale : Laurence Michaux
Relecture : Véronique Dussidour

N° d'éditeur : 10221708 - Dépôt légal : février 2016
Achevé d'imprimer en France sur les presses de Jouve, Mayenne - N° 2293180D